CLAS

Collection

LÉON LEJEALLE (1ⁱ

RACINE

LES PLAIDEURS

comédie

avec une Notice biographique, une Notice historique et littéraire,
des Notes explicatives, une Documentation thématique, un Lexique,
un Questionnaire, des Jugements et des Sujets de devoirs,

par

ALAIN JUILLARD
Agrégé des Lettres

et

JEAN-POL CAPUT
ancien élève de l'École normale supérieure de Saint-Cloud
Agrégé de Lettres modernes

LIBRAIRIE LAROUSSE

17, rue du Montparnasse, 75298 PARIS

RÉSUMÉ CHRONOLOGIQUE
DE LA VIE DE RACINE
1639-1699

1639 — **Jean Racine,** fils de Jean Racine, greffier du grenier à sel et procureur, et de Jeanne Sconin, est tenu sur les fonts baptismaux, le 22 décembre, à La Ferté-Milon, par Pierre Sconin, son grand-père maternel, et par Marie des Moulins, sa grand-mère paternelle.

1641 — Mort de la mère de Racine (28 janvier).

1643 — Son père meurt (6 février), ne laissant que des dettes; Racine est alors recueilli par sa grand-mère des Moulins, dont la fille Agnès (née en 1626) devait devenir abbesse de Port-Royal sous le nom de « Mère Agnès de Sainte-Thècle ».

1644-1645 — Le jeune Racine est recueilli à Port-Royal, sur les instances de la Mère Agnès.

1649-1653 — A la mort de son mari, en 1649, Marie des Moulins prend le voile à Port-Royal; Racine est élève aux **Petites Écoles de Port-Royal.**

1654-1655 — Racine est envoyé dans un collège parisien, nommé « collège de Beauvais ».

1655-1658 — Racine est rappelé à l'**école des Granges,** à Port-Royal, où il reçoit une forte **culture grecque,** sous la direction de Lancelot, et **latine,** sous celle de Nicole, tandis que M. Le Maître forme son goût et sa sensibilité littéraires.

1658 — Racine va faire une année de logique au collège d'Harcourt, à Paris.

1659-1661 — Racine, à Paris, retrouve Nicolas Vitard, cousin germain de son père et secrétaire du duc de Luynes, janséniste austère; il rencontre La Fontaine, avec qui il restera lié. Anxieux de plaire et de réussir, il sollicite les conseils poétiques de Chapelain, de Perrault. Il publie, en 1660, *la Nymphe de la Seine,* ode sur le mariage du roi, qui lui vaut une gratification de 100 louis.

1661 — Déçu par le refus de deux pièces de théâtre qu'il vient d'écrire, Racine se rend à **Uzès** (novembre), auprès de son oncle, le chanoine Sconin, vicaire général, dans l'espoir d'obtenir un bénéfice ecclésiastique. Il mène une vie austère, s'applique à la dévotion et s'ennuie.

1663 — N'ayant rien obtenu d'important à Uzès, Racine, déçu, revient à Paris, où il compose une ode *Sur la convalescence du roi,* puis *la Renommée aux Muses,* ode qui lui vaudra, deux ans plus tard, de figurer sur la première liste officielle de gratifications pour 600 livres. **Il se lie avec Boileau;** c'est le début d'une longue et sincère amitié.

⁎

1664 — *La Thébaïde,* tragédie jouée par Molière au Palais-Royal, sans grand succès, marque les débuts de Racine à la scène (20 juin).

1665 — *Alexandre,* tragédie, obtient un vif succès au Palais-Royal, théâtre de Molière (4 décembre); Racine, quelques jours après, la retire et la donne, le 18, à l'Hôtel de Bourgogne. Racine **se brouille avec Molière** et passe pour un froid ambitieux, « capable de tout ».

1666 — Racine, ripostant aux *Visionnaires* de Nicole par deux âpres *Lettres* — dont une seule est publiée —, rompt avec Port-Royal (janvier). « Racine est maintenant un isolé, entouré de la réprobation générale » (A. Adam).

1667 — Racine fréquente le cercle d'Henriette d'Angleterre; lié à la Du Parc, il fait jouer, le 17 novembre, la tragédie d'**Andromaque.**

1668 — *Les Plaideurs,* comédie (novembre).

1669 — *Britannicus,* tragédie (13 décembre). Racine s'oppose à Corneille.

© *Librairie Larousse,* 1972.

ISBN 2-03-870145-8

1670 — Racine mène une vie assez agitée. Il fréquente chez M⁽ᵐᵉ⁾ de Montespan. Le 21 novembre, sa tragédie *Bérénice* est représentée.

1672 — *Bajazet,* tragédie (janvier).

1673 — *Mithridate,* tragédie (début janvier). Le 12, Racine est reçu à l'Académie française, où cependant le parti des Modernes recueillait la majorité. Il vit dans une confortable aisance.

1674 — *Iphigénie en Aulide,* tragédie (18 août). — La même année, Racine est nommé trésorier de France en la généralité des finances de Moulins : il en touche un traitement considérable, est anobli, sa noblesse étant transmissible. Racine, en rivalité avec Pradon, partisan de Corneille, cabale contre lui avec succès par deux fois.

1677 — *Phèdre,* tragédie, présentée en même temps qu'une tragédie de Pradon sur le même sujet (1ᵉʳ janvier). Une suite de sonnets, contradictoires et injurieux, circule. Condé apaise difficilement l'affaire.

En même temps, Racine **se réconcilie** officiellement **avec Port-Royal ;** sa « conversion » est sincère, certaine, mais sans paraître soudaine : il avait amorcé la réconciliation longtemps auparavant.

Le 30 mai, Racine épouse Catherine de Romanet, riche bourgeoise parisienne, dont il aura sept enfants ; Condé, Colbert, le duc de Luynes et plusieurs membres de la famille Lamoignon assistent, comme témoins, à la signature du contrat. En automne de la même année, Racine est nommé **historiographe du roi,** avec Boileau : l'un et l'autre doivent se consacrer tout entiers à leur nouvelle fonction. Il devient également conseiller du roi.

✦✦

1678 — Racine et Boileau accompagnent le roi dans sa campagne contre Gand et Ypres (mars). Racine s'introduit parmi les amis de M⁽ᵐᵉ⁾ de Maintenon.

1683 — Racine et Boileau accompagnent le roi en Alsace.

1685 — Racine, directeur de l'Académie française, reçoit Thomas Corneille, succédant à son frère, et fait l'éloge de Pierre Corneille (janvier).

1687 — Racine accompagne le roi au Luxembourg.

1689 — Première représentation d'*Esther,* pièce sacrée **commandée par** M⁽ᵐᵉ⁾ **de Maintenon** pour les « demoiselles de Saint-Cyr » (26 janvier).

1690 — Racine est nommé « gentilhomme ordinaire du roi » (décembre), charge qui, en 1693, devient héréditaire par faveur insigne.

1691 — Représentation, à Saint-Cyr, d'*Athalie* (janvier).

1691-1693 — Racine accompagne le roi aux sièges de Mons et de Namur.

1692 — Naissance de Louis Racine, septième et dernier enfant de Racine (2 novembre).

1693 — Racine commence l'*Abrégé de l'histoire de Port-Royal.*

1696 — Racine est nommé conseiller-secrétaire du roi (février).

1697-1698 — Les relations de Racine avec le roi et avec M⁽ᵐᵉ⁾ de Maintenon se refroidissent quelque peu, sans que l'on puisse préciser avec certitude la raison et l'importance de cette demi-disgrâce.

1698 (printemps) — Racine tombe malade : les médecins parlent d'une tumeur.

1699 — **Mort** de Racine à Paris (21 avril). Conformément à son vœu, il est **enterré à Port-Royal.**

1711 — Les cendres de Racine, ainsi que celles de Pascal, sont transférées à Saint-Etienne-du-Mont (2 décembre).

Racine avait trente-trois ans de moins que Corneille ; dix-huit ans de moins que La Fontaine ; dix-sept ans de moins que Molière ; treize ans de moins que M⁽ᵐᵉ⁾ de Sévigné ; douze ans de moins que Bossuet ; trois ans de moins que Boileau ; six ans de plus que La Bruyère ; douze ans de plus que Fénelon ; dix-huit ans de plus que Fontenelle et trente-six ans de plus que Saint-Simon.

RACINE ET SON TEMPS

	la vie et l'œuvre de Racine	le mouvement intellectuel et artistique	les événements historiques
1639	Naissance de Jean Racine à La Ferté-Milon (22 décembre).	Fr. Mainard : *Odes*. G. de Scudéry : *Eudoxe*, tragi-comédie. Vélasquez : *Crucifixion*.	Paix de Berwick entre l'Ecosse et l'Angleterre. Révolte des « va-nu-pieds » en Normandie.
1655	Fréquentation de l'école des Granges, à Port-Royal.	Molière : représentation de l'*Étourdi* à Lyon. Pascal se retire à Port-Royal des Champs (janvier).	Négociations avec Cromwell pour obtenir l'alliance anglaise contre l'Espagne.
1658	Départ de Port-Royal; une année de logique au collège d'Harcourt.	Arrivée de Molière à Paris; il occupe la salle du Petit-Bourbon.	Victoire des Dunes sur les Espagnols. Mort d'Olivier Cromwell.
1660	Ode sur la *Nymphe de la Seine*, pour le mariage de Louis XIV.	Molière : *Sganarelle ou le Cocu imaginaire*. Quinault : *Stratonice* (tragédie). Bossuet prêche le carême aux Minimes.	Mariage de Louis XIV et de Marie-Thérèse d'Autriche. Restauration des Stuarts.
1661	Voyage à Uzès.	Molière : *l'École des maris*; *les Fâcheux*. La Fontaine : *Élégie aux nymphes de Vaux*.	Mort de Mazarin (8 mars). Arrestation de Fouquet (5 septembre).
1663	Retour à Paris. Odes: *la Convalescence du roi*; *la Renommée aux Muses*.	Corneille : *Sophonisbe*. Molière : *la Critique de « l'École des femmes »*.	Invasion de l'Autriche par les Turcs.
1664	*La Thébaïde*.	Corneille : *Othon*. Molière : *le Mariage forcé*. Interdiction du premier *Tartuffe*.	Condamnation de Fouquet après un procès de quatre ans.
1665	*Alexandre*. Brouille avec Molière.	La Fontaine : *Contes et Nouvelles*. Mort du peintre N. Poussin.	Peste de Londres.
1666	Lettres contre Port-Royal.	Corneille : *Agésilas*. Molière : *le Misanthrope*; *le Médecin malgré lui*. Boileau : *Satires* (I à VI). Furetière : *le Roman bourgeois*. Fondation de l'Académie des sciences.	Alliance franco-hollandaise contre l'Angleterre. Mort d'Anne d'Autriche. Incendie de Londres.
1667	*Andromaque*.	Corneille : *Attila*. Milton : *le Paradis perdu*. Naissance de Swift.	Conquête de la Flandre par les troupes françaises (guerre de Dévolution).

1668	Les Plaideurs.	Molière : *Amphitryon* ; *George Dandin* ; *l'Avare*. La Fontaine : *Fables* (livres I à VI). Mort du peintre Mignard.	Fin de la guerre de Dévolution : traités de Saint-Germain et d'Aix-la-Chapelle. Annexion de la Flandre.
1669	Britannicus.	Molière : représentation du *Tartuffe*. Th. Corneille : *la Mort d'Annibal*. Bossuet : *Oraison funèbre d'Henriette de France*.	
1670	Bérénice.	Corneille : *Tite et Bérénice*. Molière : *le Bourgeois gentilhomme*. Édition des *Pensées* de Pascal. Mariotte découvre la loi des gaz.	Mort de Madame. Les états de Hollande nomment Guillaume d'Orange capitaine général.
1672	Bajazet.	P. Corneille : *Pulchérie*. Th. Corneille : *Ariane*. Molière : *les Femmes savantes*.	Déclaration de guerre à la Hollande. Passage du Rhin (juin).
1673	Mithridate. Réception à l'Académie française.	Mort de Molière. Premier grand opéra de Lully : *Cadmus et Hermione*.	Conquête de la Hollande. Prise de Maestricht (29 juin).
1674	Iphigénie en Aulide.	Corneille : *Suréna* (dernière tragédie). Boileau : *Art poétique*. Pradon : *Pyrame et Thisbé*, tragédie. Malebranche : *De la recherche de la vérité*.	Occupation de la Franche-Comté par Louis XIV. Victoires de Turenne à Entzheim sur les Impériaux, et de Condé à Seneffe sur les Hollandais.
1677	Phèdre. Nommé historiographe du roi, il renonce au théâtre. Mariage.	Spinoza : *Éthique*. Newton découvre le calcul infinitésimal et Leibniz le calcul différentiel.	Victoires françaises en Flandre (prise de Valenciennes, Cambrai). Début des négociations de Nimègue.
1683	En Alsace avec le roi et les armées.	Quinault : *Phaéton*, opéra. Fontenelle : *Dialogues des morts*. P. Bayle : *Pensées sur la comète*.	Mort de Colbert. Hostilités avec l'Espagne : invasion de la Belgique par Louis XIV. Victoire de J. Sobieski sur les Turcs.
1689	Esther.	Fénelon, précepteur du duc de Bourgogne. Bossuet : *Avertissements aux protestants*.	Guerre de la ligue d'Augsbourg : campagne du Palatinat.
1691	Athalie.	Campistron : *Tiridate*, tragédie. Dancourt : *la Parisienne*, comédie.	Mort de Louvois. Prise de Nice et invasion du Piémont par les Français.
1699	Mort de Racine (21 avril) à Paris.	Dufresny : *Amusements sérieux et comiques*. Fénelon : *Aventures de Télémaque*.	Condamnation du quiétisme.

BIBLIOGRAPHIE SOMMAIRE

OUVRAGES GÉNÉRAUX SUR RACINE ET SON ŒUVRE

R. C. Knight	*Racine et la Grèce* (Paris, Boivin, 1950).
Antoine Adam	*Histoire de la littérature française au XVIIe siècle,* tome IV (Paris, Domat-Del Duca, 1954).
Raymond Picard	*la Carrière de Jean Racine* (Paris, Gallimard, 1956).
Maurice Descotes	*les Grands Rôles du théâtre de Jean Racine* (Paris, P. U. F., 1957).
René Jasinski	*Vers le vrai Racine* (Paris, A. Colin, 1958).
Philip Butler	*Classicisme et baroque chez Racine* (Paris, Nizet, 1959).
Roland Barthes	*Sur Racine* (Paris, Éd. du Seuil, 1963).
Jean-Jacques Roubine	*Lectures de Racine* (Paris, A. Colin, 1971).
Jean-Louis Backès	*Racine* (Paris, Éd. du Seuil, 1981).

SUR « LES PLAIDEURS »

Claude du Pasquier	*« les Plaideurs »* de Racine et l'éloquence judiciaire sous Louis XIV (Neuchâtel, Delachaux, 1919).

LES PLAIDEURS
1668

NOTICE

CE QUI SE PASSAIT EN 1668

■ **EN POLITIQUE. En France :** *Louvois, secrétaire d'État à la Guerre. Après la brillante campagne de Flandre (1667), conclusion d'un traité très favorable avec l'empereur Léopold, beau-frère de Louis XIV (19 janvier 1668). Les succès français entraînent la signature de la Triple-Alliance entre l'Angleterre, la Suède et la Hollande (23 janvier). Conquête de la Franche-Comté par Condé (février). Signature, à Saint-Germain, le 15 avril, et à Aix-la-Chapelle, le 2 mai, de la paix qui met fin à la guerre de Dévolution. Louis XIV abandonne la Franche-Comté, mais garde la Flandre. « Paix de l'Église » entre le pape et les jansénistes.*

A l'étranger : *Alphonse VI écarté du trône de Portugal; régence de son frère Pierre; traité de paix hispano-portugais. Abdication de Jean-Casimir de Pologne, qui se réfugie en France (abbé de Saint-Germain-des-Prés); répression d'une révolte en Ukraine par le tsar Alexis. Établissement français aux Indes, à Surate. Les Espagnols occupent les îles Marianes dans le Pacifique.*

■ **EN LITTÉRATURE :** *Fondation de l'académie de France à Rome. La Fontaine publie le premier recueil des Fables (I-VI). Molière fait jouer Amphitryon (13 janvier), George Dandin (18 juillet) et l'Avare (9 septembre). Corneille garde le silence entre Agésilas et Tite et Bérénice. Boileau publiera en 1669 les premières Épîtres, Bossuet écrit son Exposition de la foi. En Angleterre, Dryden vient de publier son Essai sur la poésie dramatique. Naissance de G.-B. Vico, auteur des Principes de la philosophie de l'histoire.*

■ **DANS LES SCIENCES ET DANS LES ARTS :** *Mort du peintre Nicolas Mignard. Naissance du musicien Couperin et du médecin hollandais Boerhaave.*

REPRÉSENTATIONS DES « PLAIDEURS »

La première représentation des *Plaideurs*, en novembre 1668 sur
la scène de l'Hôtel de Bourgogne, fut un échec. Valincour[1] nous
décrit l'accueil que reçut du public parisien la comédie de Racine :
« Aux deux premières représentations, les acteurs furent presque
sifflés, et n'osèrent pas hasarder la troisième. » L'on ne s'attendait
pas à un « four » aussi complet : Racine n'avait-il pas triomphé,
l'année précédente, avec *Andromaque* ? Dans leur désarroi, les
comédiens se rabattirent précisément sur une piètre imitation
d'*Andromaque*, le *Pausanias* de Quinault, joué dès le 16 novembre.
Les Plaideurs, tombés à la ville, se relevèrent à la Cour lorsque la
pièce y fut donnée un mois plus tard; le roi, dit Valincour, « fit
de grands éclats de rire. Et toute la Cour, qui juge ordinairement
mieux que la ville, n'eut pas besoin de complaisance pour l'imiter ». Valincour raconte encore que « les comédiens, partis de
Saint-Germain dans trois carrosses, à onze heures du soir, allèrent
porter cette bonne nouvelle à Racine, qui logeait à l'hôtel des
Ursins [...]. On se mit aux fenêtres, et comme on vit que les carrosses
étaient à la porte de Racine et qu'il s'agissait des *Plaideurs*, les
bourgeois se persuadèrent qu'on venait l'enlever pour avoir mal
parlé des juges ». La faveur royale sauva donc la comédie de Racine,
et l'examen des registres de la Comédie-Française prouve que si
le succès ne vint pas sans difficulté, il fut durable : la pièce fut
représentée dix fois en 1689 — dont une fois à Trianon et une à
Versailles —, douze fois en 1693, onze en 1699. *Les Plaideurs*
semblent avoir connu, au XVIIe siècle, la même fortune que les
tragédies de Racine; du reste, il arrivait souvent qu'on la jouât
après une de ces tragédies. Et nous lisons dans le journal de
Dangeau, à la date du 17 octobre 1698, que « Monseigneur le duc
de Bourgogne et Madame la duchesse de Bourgogne apprennent
chacun un rôle de la comédie *les Plaideurs* ». De 1680 à 1967, la
pièce a eu 1 362 représentations à la Comédie-Française.

ANALYSE DE LA PIÈCE
(Les scènes principales sont indiquées entre parenthèses.)

■ *ACTE PREMIER.* **La folie du juge et la folie des plaideurs.**

Au lever du rideau apparaît Petit Jean, portier du juge Perrin
Dandin; il déplore que son maître soit en proie à la folie de juger
et ne se couche plus « qu'en robe et en bonnet carré ». Léandre,
fils de Dandin, doit faire surveiller son père « jour et nuit, et de
près », pour l'empêcher de se rendre au Palais. Petit Jean se prépare donc à dormir devant la porte, car l'on est à l'aube **(scène**

---

1. *Lettre à d'Olivet* : au tome II de l'*Histoire de l'Académie française*, par l'abbé
d'Olivet.

première). Survient l'Intimé, secrétaire de Dandin; ce dernier essaie de s'échapper par la fenêtre, mais Petit Jean et l'Intimé le rattrapent. Léandre s'efforce de faire entendre raison à son père, qui lui répond vertement en lui reprochant de mépriser la profession de juge et de « faire le gentilhomme ». Petit Jean emmène son maître **(scène IV).** Léandre confie à l'Intimé son amour pour Isabelle, fille de Chicanneau, qui est un enragé plaideur, l'Intimé accepte de porter un « faux exploit », qui sera un billet de Léandre à sa belle. Les deux complices laissent la scène à Chicanneau, venu frapper à la porte du juge. Petit Jean lui refuse l'entrée. Furieux, Chicanneau confiera ses doléances à la comtesse de Pimbesche, également avide de procès. Les deux plaideurs semblent d'abord s'entendre, mais la Comtesse interprète mal un conseil que Chicanneau voulait lui donner, et la discussion tourne à la dispute. La scène s'achève sur les insultes que profère la Comtesse **(scène VII).** Petit Jean tente vainement d'apaiser les adversaires et tire la leçon de l'acte :

> Ma foi, juge et plaideurs, il faudrait tout lier.

■ *ACTE II.* **Le plaideur joué.**

L'Intimé est déguisé en huissier; la Comtesse, trompée par son habit, l'a chargé de porter un exploit à Chicanneau. L'Intimé presse Léandre de « faire le commissaire » et lui explique le plan qui permettra à Isabelle de recevoir le billet doux en même temps que l'on remettra à Chicanneau l'assignation de la Comtesse. Le faux huissier va frapper à la porte d'Isabelle, s'assure que Chicanneau est absent et s'acquitte de sa première mission. Chicanneau survient; avec beaucoup de présence d'esprit Isabelle déchire dédaigneusement le billet, comme s'il s'agissait de l'exploit, et se retire. L'Intimé remet la « copie » de l'exploit à Chicanneau qui, fort soupçonneux, lui prodigue insultes et coups, puis croit reconnaître en l'Intimé un véritable « sergent », et s'excuse **(scène IV).** Mais Léandre — déguisé — se trouve déjà là pour constater les mauvais traitements infligés à l'Intimé. L'on fait comparaître Isabelle; par un feint interrogatoire, Léandre s'assure des sentiments de la jeune fille en présence de Chicanneau, qui ne comprend rien à tout ce jeu et signe « aveuglément » le procès-verbal des déclarations — en réalité, le contrat de mariage **(scène VI).** Léandre arrête Chicanneau. Une brève apparition de Petit Jean ramène notre attention à Dandin, qui se montre « dans les gouttières », devant Léandre, Chicanneau, l'Intimé et Petit Jean. La Comtesse et Chicanneau assaillent de leurs plaintes le juge, qui disparaît de sa lucarne **(scène IX).** Léandre (« sans robe », cette fois) ferme la porte au nez des deux plaideurs. Dandin, emprisonné dans la « salle basse », tente cependant de leur donner audience en passant la tête par le soupirail. Il finit par entraîner Chicanneau, qui tombe dans la cave, tandis que la comtesse continue de plaider sa cause. Dandin essaie une nouvelle fois de s'enfuir, et Léandre ne le retient qu'en lui proposant de juger le chien Citron, « qui vient là-bas de manger un chapon » **(scène XIV).**

■ *ACTE III.* **Le procès du chien Citron.**

Léandre dissuade Chicanneau d'engager de nouveaux procès; l'enragé plaideur, accompagné de sa fille, se présentera devant Dandin. Le dénouement est ainsi préparé, et le long procès du chien Citron occupe toute la **scène III** : on a requis Petit Jean pour présenter l'accusation et l'Intimé pour soutenir la défense — les deux compères étant aidés du souffleur, qui vient « secourir leur mémoire troublée ». Après les deux plaidoiries, Dandin s'apprête à rendre son arrêt lorsque se présentent Chicanneau et Isabelle. Grâce au contrat que Chicanneau a signé, le mariage est possible; Léandre obtient le consentement de son futur beau-père en l'assurant qu'il n'en veut nullement à sa fortune. Dandin accorde la grâce du chien Citron **(scène IV).**

OCCASION ET COMPOSITION DES « PLAIDEURS »

L'unique comédie de Racine a intrigué les critiques : quelles raisons ont pu inciter l'auteur d'*Andromaque* à satiriser la justice de son temps? Elle fonctionnait certes fort mal, et l'un des premiers soins de Colbert sera d'en supprimer les défauts les plus criants; mais il serait excessif de soutenir que Racine a voulu prêter son concours au ministre de Louis XIV. Quelques commentateurs ont recherché des motifs moins apparents; ils ont remarqué l'âpreté de la Préface, dont le ton est nettement polémique. Que dissimule la désinvolture de cet avant-propos *Au lecteur?* Tout d'abord, Racine nous donne certains détails sur la composition de sa pièce; à l'en croire, il n'a songé à tirer parti des « plaisanteries » d'Aristophane qu'en « les mettant dans la bouche des Italiens », et le départ pour l'Italie de l'acteur incarnant Scaramouche a fait échouer ce projet. Or, il semble que ce soient là des explications incomplètes; l'on peut douter qu'un auteur applaudi à l'Hôtel de Bourgogne ait désiré confier un simple canevas aux Comédiens-Italiens. La comédie ne fut probablement mise en chantier qu'en juin 1668 — soit un an après le départ de Scaramouche —, et, quoi qu'en dise Racine, il ne faut pas imaginer qu'elle ait été écrite au courant de la plume. L'allusion aux amis qui encouragèrent l'auteur, « mettant eux-mêmes la main à l'œuvre », est intéressante et a suscité maint commentaire. Furetière et Boileau surtout, qui était avocat et issu d'une famille d'avocats et de greffiers, ont dû fournir plus d'une anecdote piquante à Racine; il n'y a pas lieu de mettre en doute les précisions que donne Louis Racine à ce sujet. Toutefois, la critique contemporaine a fait justice de la légende tenace qui veut que la comédie, bâclée en quelques jours aux cabarets de la Pomme de Pin et du Mouton Blanc, soit bien moins l'œuvre de Racine que celle de ses joyeux compagnons de beuverie.

Dans cette Préface, où chaque mot est pesé et chaque phrase méditée, transparaissent des allusions perfides. On y lit en effet ceci : « ...qu'il vaut mieux avoir occupé l'impertinente éloquence de deux orateurs autour d'un chien accusé que si l'on avait mis sur la sellette un véritable criminel, et qu'on eût intéressé les spectateurs à la vie d'un homme. » Ne serait-ce pas là une allusion au *Tartuffe*, dont la nouvelle version venait d'être interdite ? N'oublions pas que Molière et Racine étaient brouillés depuis que ce dernier avait retiré sa tragédie d'*Alexandre* à la Troupe du roi pour la donner à l'Hôtel de Bourgogne. La « guerre comique » faisait rage : Molière, par ressentiment, avait rejoint le parti de Corneille — dont il jouait les tragédies. L'Hôtel venait de mettre à son répertoire *la Thébaïde*, *Alexandre* et *Andromaque*, mais, contrairement à la compagnie rivale, ne pouvait offrir au public que de fort médiocres comédies. En composant *les Plaideurs*, Racine aurait donc relevé une sorte de défi. De plus, la mésintelligence entre les deux auteurs était attisée par l'affaire de *la Folle Querelle*, de Subligny, grossière parodie d'*Andromaque*, que Molière jouait avec un succès qui dut piquer au vif le susceptible Racine. De là cette allusion, assez obscure, à « ces malhonnêtes plaisanteries qui coûtent maintenant si peu à la plupart de nos écrivains, et qui font retomber le théâtre dans la turpitude d'où quelques auteurs plus modestes l'avaient tiré ». Il semble d'ailleurs que Molière soit visé par une autre phrase de l'Avant-Propos : « J'aimerais beaucoup mieux imiter la régularité de Ménandre et de Térence que la liberté de Plaute et d'Aristophane. » En effet, *Amphitryon* et *l'Avare* sont imités de Plaute. Ajoutons à tout cela qu'un personnage des *Plaideurs* se nomme Dandin et que le *George Dandin* de Molière avait été donné à Versailles le 18 juillet 1668 : l'on a fait le rapprochement en suggérant que, par malice, Racine prit à Molière ce nom — qui est déjà celui d'un appointeur de procès dans le *Tiers Livre* de Rabelais. Même s'il n'eut pas, pour la pièce de son ex-ami, le mépris dont parle Guéret dans *la Promenade de Saint-Cloud*, Molière ne manqua point d'être blessé par les insinuations de l'Avant-Propos, et l'on remarque dans *Monsieur de Pourceaugnac*, comédie représentée à Chambord en octobre 1669 — un an après *les Plaideurs* —, quelques passages qui ont l'allure d'une riposte. M. de Pourceaugnac connaît fort bien le droit, mais s'en défend avec vivacité et n'avoue avoir retenu de cette science que « quelques mots [...] en lisant des romans ». Sa feinte désinvolture ne fait-elle pas écho, ironiquement, à celle de Racine, qui déclare : « C'est une langue qui m'est plus étrangère qu'à personne, et je n'en ai employé que quelques mots barbares que je puis avoir appris dans le cours d'un procès[1] que ni mes juges ni moi n'avons jamais bien entendu ». Sbrigani, notons-le, affirme qu'un gentilhomme ne peut « savoir les vrais termes de chicane ».

Le texte même de la pièce nous renseigne-t-il davantage sur la composition? Si la justice est raillée dans *les Plaideurs*, ce n'est pas sans que l'auteur ait désiré assouvir quelque rancune et lancer, ici et là, des coups de patte : un tel sujet n'a pas été choisi au hasard. L'on sait qu'après *Andromaque* les relations entre Racine et ses anciens maîtres, les Messieurs de Port-Royal, devinrent fort aigres; la fameuse *Lettre à l'auteur des hérésies imaginaires*, très dure à l'égard de Nicole, en donne le ton. Il n'est pas invraisemblable que l'exploit de l'Intimé soit signé « Le Bon » parce que la *Logique de Port-Royal* (œuvre d'Arnauld et de Nicole) était d'abord parue sous le titre de *Logique de M. Le Bon*. « *Les Plaideurs*, écrit R. Jasinski, prolongent à mots couverts les lettres à Nicole »; n'oublions pas que Port-Royal recrutait surtout parmi les hommes de loi, que les Messieurs avaient destiné le jeune Racine au droit et à la théologie. Enfin, le futur dramaturge avait été l'élève de Le Maître, et il ressort d'une comparaison entre les plaidoyers bouffons du troisième acte et ceux que le célèbre avocat avait eu la faiblesse de publier que Racine ne s'est pas fait faute de ridiculiser la grandiloquence de son ancien professeur. La satire du barreau viserait donc avant tout Port-Royal, comme l'avait pressenti Sainte-Beuve.

LA SATIRE DE LA JUSTICE ET DE L'ÉLOQUENCE JUDICIAIRE

La froideur de l'accueil qui fut fait aux *Plaideurs* peut s'expliquer par les liens du public parisien avec la magistrature et le barreau. Comme le souligne Jules Lemaître, « cette folle comédie est la seule de son temps qui vise, non plus seulement des mœurs, mais une institution ». Avocats et juges en voulurent à l'auteur des flèches, parfois acérées, qu'il leur décochait tout au long de ses trois actes. Néanmoins, cette satire venait à point. De bons esprits s'inquiétaient des abus de la justice — critiqués dès le XVIᵉ siècle — et des ravages dus à la chicane. Saint François de Sales écrivait à une dame qui voulait plaider : « Que de duplicités, que d'artifices, que de paroles séculières et peut-être que de mensonges, que de petites injustices, et douces et bien couvertes et imperceptibles calomnies emploie-t-on en ce tracas de procès et de procédures [...].

---

1. Louis Racine, dans ses *Mémoires* sur la vie de son père, prétend que ce dernier écrivit *les Plaideurs* afin de se consoler de la perte du prieuré d'Épinay, à l'issue d'un procès. Serait-ce le procès auquel Racine fait allusion? Il semble pourtant que le poète était encore prieur d'Épinay en 1669. « Il ne s'agit pas d'un procès, dit M. R. Jasinski, mais d'un ensemble de procédures et de conflits auxquels Racine se trouvait mêlé, pour son dommage, depuis son séjour à Uzès. »

En cent livres de procès, il n'y a pas une once d'amitié. » Et Bossuet, plus tard, s'écriera au début de l'*Oraison funèbre de Michel Le Tellier* : « Ne parlons pas des corruptions qu'on a honte d'avoir à se reprocher; parlons de la lâcheté ou de la licence d'une justice arbitraire qui, sans règle et sans maxime, se tourne au gré de l'ami puissant. Parlons de la complaisance, qui ne veut jamais ni trouver le fil ni arrêter le progrès d'une procédure malicieuse. » C'est en 1667 qu'est promulguée l'importante « Ordonnance civile touchant la réformation de la justice ». La même année paraît la satire VIII de Boileau, dont un passage fustige la chicane (la déroute en sera célébrée par quelques vers de l'*Épître au roi* en 1669).

Il ne faut donc pas dénier à la pièce une valeur d'actualité. Il ne faut pas, non plus, exagérer cette valeur : Racine, en retranchant du début de l'acte III dix-sept vers d'un ton assez âpre, s'est « coupé la parole » — selon le mot de R. Picard — afin que sa comédie ne devînt pas trop sérieuse et ne se mît pas à prêcher. Mais, tout en se gardant de faire la part trop belle à la satire, l'on doit reconnaître qu'elle ne perd jamais son mordant. Elle s'attaque tout à la fois aux juges et à la manie de juger, aux plaideurs assoiffés de procédure, aux « honnêtes faussaires », à la corruption par les « épices », aux avocats; la justice civile est visée par le procès de Chicanneau, et la justice criminelle par celui du chien Citron. Toutefois, ne donnons pas trop de prix aux allusions à la torture (acte III), qui restent dans la vieille tradition comique. Certes, Racine connaît fort bien les us et coutumes dont il se moque — comme en témoignent les lettres adressées d'Uzès à Vitart —, mais l'on n'a pas manqué de relever dans *les Plaideurs* quelques « invraisemblances juridiques » : ainsi, l'Intimé ne peut donner à Chicanneau la « copie » de l'exploit; il est censé l'avoir remise à Isabelle et n'a plus sur lui que l'original. Ce sont là des détails minimes; ils n'empêchèrent pas la satire de porter si bien qu'on ne se fit pas faute de trouver promptement le modèle dont Racine s'était inspiré pour chacun des personnages ridicules. On reconnut, sous les traits de la comtesse de Pimbesche, la comtesse de Crissé, d'autant que l'actrice chargée de ce rôle arbora, paraît-il, lors de la première représentation, « un habit couleur de rose sèche et un masque sur l'oreille, qui était l'ajustement ordinaire de la comtesse de Crissé » *(Menagiana)*. Pour Dandin, les clefs ne manquèrent pas; Louis Racine nous rapporte qu'un président trop féru de son métier répondit à son fils qui lui demandait un habit neuf : « Présente ta requête »; Tallemant des Réaux raconte l'histoire de M. de Portail, « conseiller au Parlement de Paris, fort homme de bien mais fort visionnaire », qui donnait audience « la tête à la lucarne » *(Historiettes, I).* L'on a vu en Petit Jean la caricature de François Lagrené, avocat qui se vantait d'être né à Amiens, et dont la belle-mère était veuve d'un maître Petit Jean. Racine a peut-être même tiré d'anecdotes judiciaires l'idée de certaines scènes : « La scène des

Plaideurs de M. Racine, où Chicanneau se brouille avec cette comtesse qui prétend qu'il a dit à tort qu'il fallait la lier, est arrivée de la même manière qu'on la rapporte, chez M. Boileau, le greffier. Chicanneau était M. le Président de L... » *(Menagiana)*. Et comme Racine, avec le procès du chien Citron, raille assez méchamment l'éloquence judiciaire, les commentateurs se sont attachés à reconnaître les victimes. Il semble que Barbier d'Aucour, Gaultier (dit « Gaultier la Gueule »), Antoine Le Maître, et peut-être même Omer Talon et Patru, qui étaient les grands noms du barreau, aient fourni plusieurs traits comiques; à en croire le *Menagiana*, « les différents tons sur lesquels l'Intimé déclame sont autant de copies des différents tons des avocats ». Certaines allusions ont évidemment perdu de leur sel, et bien plus que la malignité des pastiches nous apprécions la verve insolente qui raille, selon les termes de Boileau,

Des harangueurs du temps l'ennuyeuse éloquence,

et fait, en se jouant, la satire d'une puissante institution.

SOURCES DES « PLAIDEURS »

L'Avant-Propos cite la principale : *les Guêpes*, d'Aristophane[1]. Il est remarquable que Racine, pour la première fois, se réclame ouvertement d'un modèle grec; et s'il le fait avec une pointe de fierté, c'est que le comique athénien était fort mal connu au XVIIe siècle : du reste, la liberté de son langage, sa verve drue lui valaient les critiques des délicats. Bordelon[2] écrit : « Lisez, si vous pouvez, cette pièce *[les Guêpes]* tout entière [...]. Malgré M. Racine, qui est entre nos plus habiles modernes un des plus zélés admirateurs des Anciens, j'estimerai cent fois plus sa pièce que celle d'Aristophane; les lecteurs non prévenus seront de mon avis. » Nul doute que Racine lui aussi voyait en Aristophane un assez médiocre écrivain; il en parle avec un peu de mépris : « Je leur dis [à ses amis] que, quelque esprit que je trouvasse dans cet auteur, mon inclination ne me porterait pas à le prendre pour modèle si j'avais à faire une comédie. » Mais peut-être Racine rabaisse-t-il son modèle par politique : comme Aristophane n'est pas Ménandre, *les Plaideurs* ne sont qu'un amusement; toutefois, cet amusement ne peut être de mauvais goût, car « les Athéniens savaient apparemment ce que c'était que le sel attique ». *Les Plaideurs* ne sont pas une traduction des *Guêpes*, dont ils laissent de côté toute la satire politique. Le héros d'Aristophane, Philocléon, est un homme du peuple, devenu juge d'occasion, en vertu de l'organisation démagogique du tribunal des héliastes, où tout

---

1. Voir dans la Documentation thématique les principaux passages dont s'est inspiré Racine; 2. *Diversités curieuses*, Amsterdam, 1699.

citoyen âgé d'au moins trente ans pouvait être appelé à siéger par tirage au sort. Mais, dès que son fils a pu lui démontrer qu'il est, en réalité, la dupe des démagogues, Philocléon, symbole du peuple athénien, renonce au tribunal et mène désormais une existence de débauche. Il s'agit donc d'une satire, non de la chicane, mais des dicastéries — les tribunaux d'Athènes. Des *Guêpes*, Racine a retenu le portrait du juge et sa manie de juger, le délit du chien voleur et le procès; son imitation ne porte que sur un tiers de la pièce. Cependant, comme dans *Amphitryon*, *l'Avare* et *les Fourberies de Scapin*, aux scènes imitées des Anciens s'ajoutent des emprunts à des écrivains français. Racine a négligé des pièces médiocres comme *l'Advocat duppé* de Chevreau (1637), où est raillé le jargon juridique, et *la Belle Plaideuse* de Boisrobert (1654), mais s'est inspiré du *Tiers Livre*, dans lequel Rabelais nous présente le juge Perrin Dandin, qui « appoinctait plus de procez qu'il n'en estoit vuidé en tout le palays de Poictiers et l'auditoire de Monsmorillon et la halle de Parthenay le Vieulx »; Racine a dû songer également au *Quart Livre* et à la plaisante description de l'île des *Chicquanous*, qui « gagnent leur vie à être battus », mais rien dans *les Plaideurs* n'évoque la féroce satire du *Cinquième Livre* contre les « Chats fourrés ».

Furetière était ami de Racine, et *le Roman bourgeois*, paru en 1666, a fourni plusieurs traits satiriques aux *Plaideurs*; le procureur Vollichon, au livre premier, est une sorte de Dandin démoniaque. « C'était un petit homme trapu, grisonnant, et qui était de même âge que sa calotte. Il avait vieilli avec elle sous un bonnet gras et enfoncé qui avait plus couvert de méchancetés qu'il n'en aurait pu tenir dans cent autres têtes et sous cent autres bonnets : car la chicane s'est emparée du corps de ce petit homme, de la même manière que le démon se saisit du corps d'un possédé. » L'histoire de Charrosselles, Collantine et Belastre a certainement inspiré Racine. Collantine est la « fille d'un sergent, conçue dans le procès et la chicane, et qui était née sous un astre si malheureux qu'elle ne fit autre chose que plaider [....] Elle regardait avec un œil d'envie ces gros procès qui font suer les laquais des conseillers qui les vont mettre sur le bureau, et elle accostait quelquefois les pauvres parties qui les suivaient, pour leur demander s'ils étaient à vendre [...]. Son adresse à cajoler les clercs et à courtiser les maîtres était aussi extraordinaire, aussi bien que sa patience à souffrir leurs rebuffades et leurs mauvaises humeurs. » Il est indéniable que, pour les personnages de Chicanneau et de la comtesse de Pimbesche, Racine doit beaucoup à la verve, parfois féroce, de Furetière. Rappelons enfin que dans *les Plaideurs* sont pastichés les plaidoyers célèbres des maîtres de l'éloquence judiciaires, que l'abus des citations, l'étrangeté des exordes, la niaiserie du pathétique se retrouvent à chaque page de ces gros recueils de Gaultier ou de Le Maître — lesquels, trop souvent, plagient Cicéron.

L'ACTION DES « PLAIDEURS »

L'intrigue des *Plaideurs* est certes très conventionnelle. Le père jaloux de sa fille, et souvent avare, le galant qui, avec l'aide d'un domestique ingénieux et dévoué, et sous un déguisement, parvient à remettre un billet à sa belle, tout cela ne pas de la tradition la plus banale. Des canevas de pièces de la *commedia dell'arte* à Beaumarchais, l'invention des auteurs de comédie s'appuiera sur ces données simples, quoique d'un effet sûr. Cyrano dans *le Pédant joué*, Molière dans *l'École des femmes* ont recours à la ruse qui force un barbon — père ou tuteur — à consentir au mariage qu'il désapprouve. Cependant, il est assez évident que Racine ne s'intéresse guère à l'intrigue galante de sa pièce. Il tire parti, avec ingéniosité, du stratagème de Léandre, mais sans s'attarder à ce que la passion des deux jeunes gens pourrait avoir de touchant. L'action donne ici l'impression d'une certaine sécheresse, et l'on soupçonne que l'intrigue amoureuse avant tout sert à introduire le personnage de Chicanneau — ou, du moins, à éviter qu'il ne soit trop semblable à celui de la Comtesse. Du reste, la liaison entre la chicane et le commerce amoureux est habilement faite (comme en témoigne la scène VI de l'acte II); elle prouve que Racine a voulu que sa pièce fût bien construite. Mais si l'intrigue est menée avec brio, peut-être la comédie manque-t-elle d'une certaine unité de ton; quoique l'on soit beaucoup moins sensible de nos jours à un tel défaut, l'on perçoit que le spectateur du XVIIe siècle dut être désorienté par les brusques passages de la farce à la satire, de l'idylle conventionnelle à la raillerie la plus mordante, du discours moralisateur à la bouffonnerie. *Les Plaideurs* souffrent un peu de n'avoir que trois actes, et bien des spectateurs n'en garderont que le souvenir d'une série de tableaux burlesques ou satiriques, auxquels le poète parfois sacrifie une action conduite avec rigueur : ainsi, le dénouement nous laisse ignorer ce qu'il advient des procès de Chicanneau et de la Comtesse. Comment en vouloir à Racine ? Cette désinvolture est l'inévitable rançon d'une légèreté, d'une vivacité et d'une verve qui nous enchantent toujours.

LES PERSONNAGES

Il ne faut pas s'attendre qu'**Isabelle** et **Léandre** sortent de la convention; notons cependant que le personnage de l'ingénue révèle un sens de l'à-propos, une malice qui ne laissent pas d'être piquants; ce mélange d'innocence et de ruse est d'ailleurs dans la tradition italienne de la jeune amoureuse, qui, dans la *commedia dell'arte*, s'appelait aussi souvent « Isabelle ».

L'Intimé et **Petit Jean** sont jetés dans le moule des valets de comédie, mais le second se distingue par une cocasserie qui fait la saveur de son célèbre monologue et par un parler populaire où abondent dictons et proverbes.

L'exemple des deux domestiques montre bien que les personnages n'ont de relief que grâce à la satire : Dandin, la comtesse de Pimbesche et Chicanneau dominent la pièce. **Dandin** serait odieux si sa folie n'en avait fait une sorte d'enfant bouffon qu'il faut surveiller sans relâche. La **Comtesse** et **Chicanneau** — plus que Dandin — sont des créations originales; il eût fallu peu de chose pour que le caractère de Chicanneau, père tyrannique et avare en même temps qu'enragé plaideur, montrât de la diversité et de la profondeur. La Comtesse, elle, « n'est pas seulement une plaideuse affolée de procès et de chicane, flairant comme baume l'odeur du tribunal et du papier timbré, et décidée à vendre sa chemise plutôt que de ne pas plaider; elle est la Chicane même » (Th. de Banville). Les deux plaideurs sont d'extraordinaires caricatures qui témoignent du génie comique de Racine.

LE COMIQUE ET LE STYLE

Les Plaideurs sont une farce, et de la farce ils ont le comique débridé : le spectacle de Petit Jean traînant son « gros sac de procès », les apparitions de Dandin à la lucarne ou au soupirail, la chute de Chicanneau dans la salle basse, les jeux de scène du procès, les soufflets que reçoit l'Intimé, tout cela est d'un effet sûr. Mais cette farce est également une comédie satirique; « c'est peut-être dans l'opposition du *genre* et des *traits* qu'il faut chercher l'explication de ce composé de farce et de comédie fine, qui étonne dans *les Plaideurs* », écrit R. Picard.

Nous avons vu que Racine pastiche avec une verve cruelle les plaidoyers pompeux des avocats du temps, les débordements métaphoriques de l'éloquence judiciaire et les exordes qui ne font que démarquer ceux de Cicéron. Toute la pièce fourmille de parodies et de réminiscences moqueuses : le grand Corneille est mis à contribution, et aussi Quinault *(la Mère coquette, le Fantôme amoureux)*. Ménage rapporte que Corneille fut « fort en colère » pour la célèbre parodie (vers 154) de *Ses rides sur son front ont gravé ses exploits*. Mais ce qui nous séduit dans le style des *Plaideurs*, c'est l'agencement subtil des tirades, la rapidité du dialogue où les coupes abondent, les acrobaties verbales; le vers est remarquable par sa liberté : « ...cette fantaisie prosodique des *Plaideurs*, écrit Jules Lemaître, c'est seulement le drame romantique de Hugo qui la reprendra ». Et, de fait, Racine déplace la césure (vers 12, 84, 109, 357, 626, 677, 704, 783), pratique l'enjambement (vers 187, 222, 242, 256, 780, 783) et obtient d'amusants effets de rejets hardis (vers 705, 791, 816); les rimes sont souvent rares et inattendues, normandes, à l'hémistiche ou en calembour. Le français et le latin de cuisine se mêlent de façon burlesque. Phérotée de la Croix[1] tire de nombreux exemples des *Plaideurs*, dont le style, par endroits assez proche de celui du *Dom Japhet* de Scarron, enchantera Th. de Banville.

Un grand nombre de ces vers brillants sont devenus célèbres; on aimait déjà les citer au XVIIᵉ siècle :

Car vivre sans plaider, est-ce contentement ?

écrit Charles de Sévigné à Mᵐᵉ de Grignan le 27 août 1690. Mᵐᵉ de Sévigné, dans une lettre à Bussy-Rabutin, dit de sa fille qu'elle est « occupée d'un procès qui la rend assez semblable à la comtesse de Pimbesche » (10 mars 1687). Une telle allusion, parmi beaucoup d'autres, nous donne une idée de la vogue des personnages créés par Racine. Et que *les Plaideurs* aient été représentés en 1939 et en 1958 au Palais de justice de Paris permet de juger de la séduction qu'exerce la verve racinienne !

Comédie étrange — du fait même qu'elle met un éclat de rire presque incongru dans une existence vouée à la tragédie —, *les Plaideurs* ont déconcerté bien des critiques. Il faut pourtant reconnaître les mérites d'une pièce brillante, qui allie sans effort le burlesque à la satire la plus acérée. Mais il n'y a pas trace, dans la comédie de Racine, des âpres sarcasmes de *Turcaret*, pas plus que de la bouffonnerie débridée propre à la *commedia dell'arte* : il faut se garder de donner trop d'importance à l'un ou l'autre des aspects du comique racinien — faute de quoi l'on introduirait dans la pièce une disparate que le mérite de l'auteur est d'avoir évitée.

---

1. *L'Art de la poésie françoise et latine*, 1694.

LE VOCABULAIRE JURIDIQUE
DANS LES « PLAIDEURS »

Dans les Plaideurs, Racine a voulu faire une satire des mœurs juridiques. Le vocabulaire de la comédie est donc riche en termes empruntés aux professions et aux institutions qui se rattachent à la justice. Leur fréquence crée le climat de la pièce, et parfois leur accumulation détermine un effet d'autant plus comique que leur sens reste difficilement accessible au profane, peu initié au jargon de la procédure.

Le Lexique présenté ici a pour objet de grouper les termes de ce vocabulaire, en indiquant entre parenthèses les numéros des vers où ils se trouvent. Leur sens est précisé dans les notes explicatives du texte.

1° LES OFFICIERS DE JUSTICE ET LES MAGISTRATS :

LEURS ATTRIBUTIONS.

— Parmi les **officiers** (vers 461) de justice subalternes, le **sergent** (vers 142, 150, 160, 297, 316, 353, 394, 419, 429, 431, 434, 437) est déjà confondu avec l'**huissier** (vers 142, 297, 300, 381, 459, 473, 504, 522, 541, 644) dans ses attributions : **saisir** (vers 205), **signifier** (vers 330), **verbaliser** (vers 374); il dresse **procès-verbal** (vers 225, 425), fait **sommation** (vers 385), établit et présente les **exploits** (vers 154, 161, 227, 310, 319, 325, 326, 329, 333, 340, 365, 366, 370, 409, 533).

— Le **commissaire**, qui fait déjà partie des **gens de robe** (vers 486, 517), a des attributions de justice et de police : **informer** (vers 323), **s'informer** (vers 381), **décréter** (vers 760). Il peut prendre quelqu'un en **flagrant délit** (vers 451) et procéder à une discrète arrestation (un **amené sans scandale**, vers 626).

— Le **notaire** (vers 404) gère les affaires de famille. Il s'occupe de **nantissements** (vers 617), de **contrats** (vers 321, 500, 871), pour lesquels il faut **signer** (vers 321, 493, 496, 497, 498, 500); la **signature** (vers 870) était également nécessaire pour le procès-verbal du sergent. Le notaire est également concerné par les **compulsoires** (vers 223) et les **baux** (vers 225).

— Dans la **magistrature** (vers 607), nous trouvons les **juges** (vers 37, 84, 89, 94, 133, 175, 204, 261, 266, 269, 298, 590, 608, 609, 610, 771) en **robe** (vers 34, 89, 92, 301, 487, 787) et en **bonnet carré** (vers 34); ils sont payés par **vacations** (vers 616). Les **avo-**

cats sont souvent cités (vers 517, 630, 633, 666, 687, 692, 703, 725, 733, 746, 761, 801, 880). Les **plaids** (vers 22, 42) sont les séances du tribunal.

2° LA PROCÉDURE.

En droit **civil** (vers 610) :

— Les préliminaires en sont confiés au **procureur** (vers 142, 169, 786) ou à son **clerc** (vers 170); le procureur est chargé par celui qu'il représente d'**appointer** (vers 220; **appointements**, vers 227). **Dits** (vers 223), **contredits** (vers 223), **griefs** (vers 225), **interlocutoires** (vers 224), entre autres, sont de son ressort. Un **expert** (vers 205, 224) peut être désigné pour **estimer** (vers 206, 230), faire **rapport** (vers 217, 224) et **transports** (vers 224). D'autre part, les usages de l'époque veulent que le **plaideur** (vers 37, 298, 304) **sollicite** (vers 654) son juge et lui offre des **épices** (vers 511), quel que soit son **droit** (vers 197, 231, 534, 535) : **prévariquer** (vers 793) est en effet une pratique tolérée.

— En vue du **procès** proprement dit (vers 74, 130, 146, 183, 215, 219, 237, 314, 336, 439, 480, 714, 873, 878, 884), on **produit** (vers 222; **production**, vers 228) parfois **sur nouveaux frais** (vers 222). A l'origine, il y a **plainte** (vers 204; **se plaindre**, vers 530) d'une des **parties** (vers 195, 216, 531, 770, 779, 783); la partie **poursuivie** (vers 364; **poursuite**, vers 651) **proteste** (vers 589), **s'inscrit en faux** (vers 226), qu'elle soit **de bonne foi** (vers 657, 726) ou non. Après **enquêtes** (vers 223), l'**affaire** (vers 40, 183, 323, 451, 478, 516, 520, 539, 559, 568, 643, 837, 839) est **instruite** (vers 375, 763) : les **pièces** (vers 787, 788) sont enfermées dans des **sacs** (vers 72, 74, 171, 601, 650); il faut **comparaître** (vers 63) — à moins qu'il y ait **requête** (vers 56, 212, 233, 524), auquel cas l'adversaire n'est pas **assigné** (vers 311, 356).

— A l'**audience** (vers 76, 104, 131, 209, 527, 544, 596, 611, 655, 834, 877), contre le **demandeur** (vers 641) ou l'**accusateur** (vers 774), qui expose ses **griefs** (vers 225), le **défendeur** (vers 642) doit **se défendre** (vers 364), **se justifier** (vers 788). Chacun **plaide** (vers 131, 134, 136, 235, 244, 250, 253, 257, 274, 294, 337, 362, 743, 767), recourt à la **déposition** (vers 494, 496) d'un **témoin** (vers 173, 282, 285, 390, 404, 449, 583, 717, 718), que l'on peut **récuser** (vers 722, 723), et enfin **conclut** (vers 791, 799, 818).

— Après examen dans le **fond** (vers 200) et dans la **forme** (vers 115, 500) du **fait** (vers 690, 706, 707, 751, 752, 753, 755, 765), on estime le **dommage** (vers 203) et les **dégâts** (vers 206). La **cause** (vers 213, 229, 624, 637, 662, 744, 796, 845) est **jugée** (vers 31,

70, 71, 124, 134, 231, 518, 594, 603, 606, 628, 722, 754, 815, 859, 864);
un **arrêt** (vers 39, 116, 197, 209, 212, 228, 229, 243; **arrêter,** vers 155)
est rendu, qui peut **ordonner** (vers 217) une **réparation** (vers 386,
387), **condamner** (vers 501, 614, 663, 831) à payer une **amende**
(vers 396, 614), à verser une **compensation** (vers 781) ou une
pension (vers 248), selon le cas. La **sentence** (vers 88, 207, 600,
612) peut également **lier** (vers 247, 270, 271, 275, 277, 290, 298,
398) quelqu'un. Le jugement peut aussi **renvoyer** (vers 882) l'affaire ou **élargir** (vers 64) **hors de cour** (vers 65, 208) l'inculpé. On
peut, en cas de non-satisfaction, **en appeler** (vers 208, 761, 868,
869, 870; **appel,** vers 609) ou **s'opposer à l'exécution** (vers 214),
mais alors on **fait violence** (vers 528), on se rend coupable de
rébellion (vers 418), on est **rebelle** (vers 459) ou **contumace**
(vers 439, 456).

En droit **criminel** (vers 610) :

— Le **criminel** (vers 881) est d'abord **interrogé** (vers 656);
le **coupable** (vers 727) est soumis aux tortures de la **question**
(vers 848), qui lui arrachent l'**aveu** (vers 525) de son **crime**
(vers 830); le procès a lieu devant une **assemblée** (vers 668, 768),
c'est-à-dire en public. La **grâce** (vers 882) est rarement obtenue;
le plus souvent, on envoie le coupable aux **galères** (vers 815, 816).

AU LECTEUR

Quand je lus *les Guêpes* d'Aristophane, je ne songeais guère que j'en dusse faire *les Plaideurs*. J'avoue qu'elles me divertirent beaucoup, et j'y trouvai quantité de plaisanteries qui me tentèrent d'en faire part au public; mais c'était en les mettant dans la bouche des
5 Italiens[1], à qui je les avais destinées, comme une chose qui leur appartenait de plein droit. Le juge qui saute par les fenêtres, le chien criminel et les larmes de sa famille, me semblaient autant d'incidents dignes de la gravité de Scaramouche[2]. Le départ de cet acteur interrompit mon dessein et fit naître l'envie à quelques-
10 uns de mes amis de voir sur notre théâtre un échantillon d'Aristophane. Je ne me rendis pas à la première proposition qu'ils m'en firent. Je leur dis que, quelque esprit que je trouvasse dans cet auteur, mon inclination ne me porterait pas à le prendre pour modèle si j'avais à faire une comédie; et que j'aimerais beaucoup mieux
15 imiter la régularité de Ménandre[3] et de Térence[4] que la liberté de Plaute[5] et d'Aristophane[6]. On me répondit que ce n'était pas une comédie qu'on me demandait, et qu'on voulait seulement voir si les bons mots d'Aristophane auraient quelque grâce dans notre langue. Ainsi, moitié en m'encourageant, moitié en mettant eux-
20 mêmes la main à l'œuvre, mes amis me firent commencer une pièce qui ne tarda guère à être achevée. **(1)**

---

1. Il s'agit de la troupe des comédiens italiens qui partageaient avec Molière la salle du Palais-Royal; 2. Type de la comédie italienne, variété de matamore, créé et incarné par le Napolitain Tiberio Fiurilli (1608-1694), qui l'avait importé en France en 1640. D'après l'*Histoire de l'ancien Théâtre italien* (1753) des frères Parfait, Fiurilli aurait quitté Paris en 1667, pour se rendre en Italie, où il demeura jusqu'en 1670. Il revint ensuite à Paris, où il continua de jouer jusqu'en 1691. A quatre-vingt-trois ans, il avait encore, paraît-il, tant de souplesse qu'il donnait sans effort un soufflet avec son pied; 3. *Ménandre*, né à Athènes (v. 342-† 292 av. J.-C.), fut le plus illustre auteur de la comédie nouvelle; 4. *Térence*, poète comique latin, né à Carthage (v. 190-† 159 av. J.-C.); il a surtout imité Ménandre; c'est à lui que le XVIIe siècle décernait la palme de la comédie; 5. *Plaute*, poète comique latin (254-184 av. J.-C.), imita aussi la comédie nouvelle de Ménandre, mais sa verve libre, exubérante et crue choquait les délicats; 6. *Aristophane*, le grand poète comique grec, né à Athènes (v. 445-v. 386 av. J.-C.).

■ **QUESTIONS** ■

1. Racine, qui s'était fait connaître déjà par trois tragédies, ne devait-il pas être un peu gêné de donner une pièce bouffonne? Relevez, dans le début de la Préface, les signes de cet embarras. Quelles excuses se ménage-t-il?

Cependant la plupart du monde ne se soucie point de l'intention ni de la diligence[1] des auteurs. On examina d'abord mon amusement comme on aurait fait[2] une tragédie. Ceux mêmes qui s'y étaient
25 le plus divertis eurent peur de n'avoir pas ri dans les règles, et trouvèrent mauvais que je n'eusse pas songé plus sérieusement à les faire rire. Quelques autres s'imaginèrent qu'il était bienséant à eux de s'y ennuyer, et que les matières de palais ne pouvaient pas être un sujet de divertissement pour les gens de cour. La pièce fut bientôt
30 après jouée à Versailles. On n'y fit point de scrupule de s'y réjouir; et ceux qui avaient cru se déshonorer de rire à Paris furent peut-être obligés de rire à Versailles pour se faire honneur[3]. **(2)**

Ils auraient tort à la vérité, s'ils me reprochaient d'avoir fatigué leurs oreilles de trop de chicane[4]. C'est une langue qui m'est plus
35 étrangère qu'à personne, et je n'en ai employé que quelques mots barbares que je puis avoir appris dans le cours d'un procès que ni mes juges ni moi n'avons jamais bien entendu.

Si j'appréhende quelque chose, c'est que des personnes un peu sérieuses ne traitent de badineries le procès du chien et les extra-
40 vagances du juge. Mais enfin je traduis Aristophane et l'on doit se souvenir qu'il avait affaire à des spectateurs assez difficiles. Les Athéniens savaient apparemment ce que c'était que le sel attique; et ils étaient bien sûrs, quand ils avaient ri d'une chose, qu'ils n'avaient pas ri d'une sottise. **(3)**
45 Pour moi, je trouve qu'Aristophane a eu raison de pousser les choses au-delà du vraisemblable. Les juges de l'Aréopage n'auraient pas peut-être trouvé bon qu'il eût marqué au naturel leur avidité de gagner, les bons tours de leurs secrétaires et les forfanteries[5] de leurs avocats. Il était à propos d'outrer un peu les personnages
50 pour les empêcher de se reconnaître. Le public ne laissait pas de

---

1. *Diligence* : rapidité d'exécution; 2. Le verbe *faire* s'employait couramment à la place d'un autre verbe déjà exprimé pour en éviter la répétition; il tient ici la place d'*examiner ;* 3. Voir La Bruyère, les *Caractères*, « De la ville », par. 15 : Paris pour l'ordinaire le singe de la cour...; 4. *Chicane* désigne ici les termes de la langue juridique, les allusions aux choses judiciaires, etc; 5. *Forfanteries :* « Tromperies, charlataneries » (Richelet). Molière parle de même des *forfanteries* de la médecine.

———— QUESTIONS ————

2. Pourquoi les « matières de Palais » ne pouvaient-elles pas être un sujet de divertissement pour des gens de Cour? Les explications que donne Racine de l'insuccès initial de sa comédie vous semblent-elles suffisantes? N'en pourriez-vous trouver d'autres?

3. Aristophane avait-il réellement « affaire à des spectateurs assez difficiles »? Peut-on comparer le public français du XVIIe siècle au public athénien du Ve siècle avant Jésus-Christ? Pourquoi Racine croit-il ou feint-il de croire que le succès d'Aristophane est la garantie de son propre succès?

discerner le vrai au travers du ridicule; et je m'assure[1] qu'il vaut mieux avoir occupé l'impertinente éloquence de deux orateurs autour d'un chien accusé que si l'on avait mis sur la sellette[2] un véritable criminel, et qu'on eût intéressé les spectateurs à la vie
55 d'un homme.

Quoi qu'il en soit, je puis dire que notre siècle n'a pas été de plus mauvaise humeur que le sien; et que si le but de ma comédie était de faire rire, jamais comédie n'a mieux attrapé son but. Ce n'est pas que j'attende un grand honneur d'avoir assez longtemps réjoui
60 le monde. Mais je me sais quelque gré de l'avoir fait sans qu'il m'en ait coûté une seule de ces sales équivoques et de ces malhonnêtes plaisanteries qui coûtent maintenant si peu à la plupart de nos écrivains, et qui font retomber le théâtre dans la turpitude d'où quelques auteurs plus modestes[3] l'avaient tiré. **(4)**

---

1. Je suis sûr; 2. *Sellette :* « Espèce de petit banc où l'on fait asseoir en présence de ses juges une personne accusée pour l'interroger avant que de la juger » (Richelet); 3. *Modeste :* retenu, décent.

──────── **QUESTIONS** ────────

4. Dégagez nettement les raisons par lesquelles Racine justifie Aristophane d'avoir poussé les choses au-delà du vraisemblable.

Phot. Bernand.

« LES PLAIDEURS » A LA COMÉDIE-FRANÇAISE EN 1960

La fugue de Perrin Dandin (acte premier, scène IV).
Léandre (Jacques Sereys), Petit Jean (J.-P. Roussillon), Perrin Dandin
(Georges Chamarat), l'Intimé (Robert Manuel).

PERSONNAGES

début de la comédie

DANDIN[1]	juge.
LÉANDRE	fils de Dandin.
CHICANNEAU[2]	bourgeois.
ISABELLE	fille de Chicanneau.
LA COMTESSE	
PETIT JEAN	portier.
L'INTIMÉ[3]	secrétaire.
LE SOUFFLEUR	

LA SCÈNE EST DANS UNE VILLE DE BASSE-NORMANDIE[4].

---

1. Nom emprunté à Rabelais, qui, dans *Pantagruel* III, chap. xxxix, parle d'un appointeur de procès, nommé Perrin Dandin; 2. Ce nom est sans doute un souvenir des *chiquanous*, terme par lequel Rabelais désignait les huissiers; 3. Terme de la langue juridique, servant à désigner la partie qui, ayant gagné un procès en première instance, est citée en appel par son adversaire; celui-ci se nomme l'*appelant*. Racine a peut-être emprunté le nom de son personnage à la comédie de *l'Hôpital des fous* de Beys (1637); 4. Laurent, dans son *Mémoire de plusieurs décorations* (1685), indique, au chapitre des « Petites Comédies », le détail de la mise en scène à l'Hôtel de Bourgogne. « Il faut deux maisons, un soupirail, deux maisons à côté du théâtre. Il faut une trappe, une échelle, un flambeau, des jetons, une batte, le col et les pattes d'un chapon, un fauteuil, des robes, des petits chiens dans un panier, un oreiller, une écritoire, du papier. »

LES PLAIDEURS

ACTE PREMIER

Scène première. — PETIT JEAN, *traînant un gros sac de procès*[1].

Ma foi! sur l'avenir bien fou qui se fiera :
Tel qui rit vendredi, dimanche pleurera.
Un juge, l'an passé, me prit à son service;
Il m'avait fait venir d'Amiens pour être Suisse[2].
5 Tous ces Normands voulaient se divertir de nous :
On apprend à hurler, dit l'autre[3], avec les loups[4].
Tout Picard que j'étais, j'étais un bon apôtre[5],
Et je faisais claquer mon fouet[6] tout comme un autre.
Tous les plus gros monsieurs[7] me parlaient chapeau bas;
10 « Monsieur de Petit Jean », ah! gros comme le bras!
Mais sans argent l'honneur n'est qu'une maladie.
Ma foi! j'étais un franc portier de comédie[8] :
On avait beau heurter et m'ôter son chapeau,
On n'entrait pas chez nous sans graisser le marteau[9].
15 Point d'argent, point de Suisse[10], et ma porte était close.
Il est vrai qu'à Monsieur j'en rendais quelque chose :
Nous comptions quelquefois. On me donnait le soin
De fournir la maison de chandelle et de foin;
Mais je n'y perdais rien. Enfin, vaille que vaille,

---

1. L'on mettait dans des sacs les pièces de procédure; 2. Les domestiques de ce nom étaient autrefois réellement de nationalité suisse. Le rapprochement des deux termes géographiques produit un effet plaisant; 3. Façon populaire d'introduire les proverbes; *l'autre :* on; 4. On prend les manières des gens avec qui l'on vit; 5. Ce qualificatif s'applique ordinairement à un hypocrite qui affecte des dehors de piété. « Grippeminaud, le bon apôtre » (La Fontaine); ici, simplement, rusé compère; 6. Je me donnais de l'importance; allusion aux postillons qui faisaient claquer leur fouet pour signaler leur passage; 7. Forme de pluriel populaire; 8. Celui qui percevait l'argent à la porte du théâtre. Selon René Jasinski, ce vers s'explique par le fait qu'il existait, au théâtre du Marais, un acteur nommé Petit Jean, qui tenait la fonction de portier, fonction lucrative — d'où l'allusion du vers 14; 9. Gagner le portier avec de l'argent; 10. Ce dicton s'appliquait aux mercenaires suisses qui refusaient de se battre quand on ne les payait pas.

20 J'aurais sur le marché[1] fort bien fourni la paille.
  C'est dommage : il avait le cœur trop au métier ;
  Tous les jours le premier aux plaids[2], et le dernier,
  Et bien souvent tout seul ; si l'on l'eût voulu croire,
  Il y serait couché sans manger et sans boire.
25 Je lui disais parfois : « Monsieur Perrin Dandin,
  Tout franc[3], vous vous levez tous les jours trop matin.
  Qui veut voyager loin ménage sa monture.
  Buvez, mangez, dormez, et faisons feu qui dure. »
  Il n'en a tenu compte. Il a si bien veillé
30 Et si bien fait qu'on dit que son timbre[4] est brouillé.
  Il nous veut tous juger les uns après les autres.
  Il marmotte toujours certaines patenôtres[5]
  Où je ne comprends rien. Il veut, bon gré, mal gré,
  Ne se coucher qu'en robe et qu'en bonnet carré[6].
35 Il fit couper la tête à son coq, de colère,
  Pour l'avoir éveillé plus tard qu'à l'ordinaire ;
  Il disait qu'un plaideur dont l'affaire allait mal
  Avait graissé la patte à ce pauvre animal[7].
  Depuis ce bel arrêt, le pauvre homme a beau faire,
40 Son fils ne souffre plus qu'on lui parle d'affaire.
  Il nous le fait garder jour et nuit, et de près :
  Autrement, serviteur, et mon homme est aux plaids.
  Pour s'échapper de nous, Dieu sait s'il est allègre.

---

1. Par-dessus le marché ; 2. *Plaids* : assemblées réunies pour rendre la justice ;
3. *Tout franc* : à vous parler franchement ; 4. *Timbre* : terme familier pour désigner le cerveau. *Avoir le timbre brouillé* ou *fêlé* signifie « avoir perdu la raison » ;
5. *Patenôtres* : paroles inintelligibles, qu'on balbutie inlassablement comme les
bigotes qui disent leurs prières (déformation francisée de *Pater noster*) ; 6. Coiffure
des juges ; 7. Aristophane, *Les Guêpes*, vers 100-102 : « Comme son coq chantait
dès la tombée de la nuit, il prétendit que pour l'éveiller tard il avait été séduit
par les prévenus et en avait reçu de l'argent. »

--------- **QUESTIONS** ---------

● Vers 1-20. Qu'apprenons-nous ici sur Petit Jean : son origine ; sa
situation actuelle ? Relevez les traits qui révèlent le domestique traditionnel. A quoi tient le comique de ce passage (abondance de dictons,
fierté naïve, ruse populaire intéressée, comique de mots) ?
● Vers 21-43. Le juge Dandin, d'après ce qu'en dit Petit Jean.
Montrez qu'en fait il est victime d'une « déformation professionnelle »
Aurait-il été comique si son travers avait été profondément enraciné ?
Montrez que le rire naît des anecdotes plus que du trait qu'elles
illustrent. — Quelles relations peut-on imaginer entre Petit Jean et
son maître, d'après les vers 25-28 ? Montrez qu'il s'agit là d'un trait
commun aux domestiques de comédie, en rapprochant Petit Jean des
servantes de Molière et en particulier de Maître Jacques, dans *l'Avare*.

Pour moi, je ne dors plus : aussi je deviens maigre,
45 C'est pitié. Je m'étends, et ne fais que bâiller.
Mais, veille qui voudra, voici mon oreiller[1].
Ma foi, pour cette nuit il faut que je m'en donne!
Pour[2] dormir dans la rue on n'offense personne.
Dormons.

Scène II. — L'INTIMÉ, PETIT JEAN.

L'INTIMÉ

Ay, Petit Jean! Petit Jean!

PETIT JEAN

L'Intimé!
50 Il a déjà bien peur de me voir enrhumé.

L'INTIMÉ

Que diable! si matin que fais-tu dans la rue?

PETIT JEAN

Est-ce qu'il faut toujours faire le pied de grue?
Garder toujours un homme, et l'entendre crier?

---

1. Il désigne le sac de procès; 2. *Pour* prend ici un sens causal : on n'offense personne parce qu'on dort dans la rue.

──────── QUESTIONS ────────

● Vers 44-48. Soulignez le comique de ces vers sachant que l'apparence physique de Petit Jean n'inspire guère la pitié.

■ Sur la scène première. — Relevez les formes du parler populaire dans le monologue de Petit Jean (proverbes, dictons, expressions familières).
   — Le caractère de Petit Jean : aspects traditionnels; traits originaux. A quoi reconnaît-on le portier d'un juge dans son comportement et ses paroles?
   — Dandin, vu par Petit Jean : peut-on parler d'un portrait? Se contente-t-il cependant de juxtaposer des anecdotes? A travers les traits forcés — que vous indiquerez — cherchez les preuves de la manie du juge.
   — En quoi ce monologue est-il une scène d'exposition? Y a-t-il des indications concernant l'intrigue? Cette forme d'exposition est-elle naturelle? dramatique? Par quoi Racine corrige-t-il ce qu'elle pourrait avoir d'un peu languissant?
   — Quel parti Racine a-t-il tiré de la scène initiale des *Guêpes* (voir la Documentation thématique)?

Quelle gueule! Pour moi, je crois qu'il est sorcier.

L'INTIMÉ

55 Bon!

PETIT JEAN

Je lui disais donc, en me grattant la tête,
Que je voulais dormir. « Présente ta requête
Comme tu veux dormir », m'a-t-il dit gravement.
Je dors en te contant la chose seulement.
Bonsoir.

L'INTIMÉ

Comment bonsoir? Que le diable m'emporte
60 Si... Mais j'entends du bruit au-dessus de la porte.

SCÈNE III. — DANDIN, L'INTIMÉ, PETIT JEAN.

DANDIN, *à la fenêtre*.

Petit Jean! L'Intimé!

L'INTIMÉ, *à Petit Jean*.

Paix!

DANDIN

Je suis seul ici.
Voilà mes guichetiers[1] en défaut, Dieu merci.
Si je leur donne temps, ils pourront comparaître[2].
Çà, pour nous élargir[3], sautons par la fenêtre.
65 Hors de cour[4]!

L'INTIMÉ

Comme il saute!

---

1. *Guichetier* : geôlier, gardien de prison. Un *guichet* est une petite porte prati-
quée dans une grande, comme l'est la porte d'une prison; 2. *Comparaître* : paraître
devant un tribunal (terme juridique); 3. *Élargir* : mettre un prisonnier en liberté
(terme juridique); 4. [*Mettre*] *hors de cour* : renvoyer les parties en procès. Ici :
me voilà libre.

QUESTIONS

■ SUR LA SCÈNE II. — L'intérêt de cette courte scène pour l'action et
sa valeur comique.
— Apprenons-nous quelque chose de nouveau sur Dandin (vers 55-58)?
Le langage du juge n'apporte-t-il pas une précision sur sa manie?

PETIT JEAN

Ho! monsieur! je vous tien[1].

DANDIN

Au voleur! au voleur!

PETIT JEAN

Ho! nous vous tenons bien.

L'INTIMÉ

Vous avez beau crier.

DANDIN

Main forte! l'on me tue!

Scène IV. — LÉANDRE, DANDIN, L'INTIMÉ,
PETIT JEAN.

LÉANDRE

Vite un flambeau! j'entends mon père dans la rue.
Mon père, si matin, qui vous fait déloger?
70 Où courez-vous la nuit?

DANDIN

Je veux aller juger.

LÉANDRE

Et qui juger? Tout dort.

PETIT JEAN

Ma foi, je ne dors guères[2].

LÉANDRE

Que de sacs[3]! il en a jusques aux jarretières.

DANDIN

Je ne veux de trois mois rentrer dans la maison.
De sacs et de procès j'ai fait provision.

---

1. Forme sans *s*, qui était celle de l'ancien français et qui était d'ailleurs conforme
à l'étymologie latine; elle reste autorisée dans la poésie du xviie siècle, mais seulement à la rime pour certains verbes de ce groupe de conjugaison; 2. Licence
orthographique (*s* adverbial), nécessaire à la rime pour l'œil; 3. Voir page 29,
note I.

--- QUESTIONS ---

■ Sur la scène III. — Montrez comment le mouvement de la pièce
commence à s'accélérer avec l'apparition de Dandin; l'effet de contraste
avec la scène précédente.

— A quoi tient le comique de cette courte scène? Analysez-le (langage, attitudes, situation).

LÉANDRE

75 Et qui vous nourrira?

DANDIN

Le buvetier[1], je pense.

LÉANDRE

Mais où dormirez-vous, mon père?

DANDIN

A l'audience.

LÉANDRE

Non, mon père, il vaut mieux que vous ne sortiez pas.
Dormez chez vous; chez vous faites tous vos repas.
Souffrez que la raison enfin vous persuade;
80 Et pour votre santé...

DANDIN

Je veux être malade.

LÉANDRE

Vous ne l'êtes que trop. Donnez-vous du repos;
Vous n'avez tantôt[2] plus que la peau sur les os.

DANDIN

Du repos? Ah! sur toi tu veux régler ton père?
Crois-tu qu'un juge n'ait qu'à faire bonne chère,
85 Qu'à battre le pavé[3] comme un tas de galants[4],
Courir le bal la nuit, et le jour les brelans[5]?
L'argent ne nous vient pas si vite que l'on pense.

---

1. Le tenancier de la buvette du Palais, où magistrats et avocats allaient se restaurer et se rafraîchir; 2. *Tantôt* : bientôt; notez que, dans ce cas, le verbe se met toujours au présent; 3. *Battre le pavé* : courir les rues, (expression dérivée de *battre la plaine*, l'explorer en tous sens pour en faire lever le gibier); 4. *Galant* : celui qui s'amuse, qui mène joyeuse vie (premier sens du vieux verbe *galer*); 5. *Brelan* : table sur laquelle on jouait; ici, par extension, maison de jeu.

--- **QUESTIONS** ---

● VERS 68-82. Le comique de cette entrée du juge sur la scène : comment est-il préparé dans la scène précédente? Montrez comment, chez Dandin, toute l'existence est liée au Palais de justice jusque dans les éléments qui y sont le plus étrangers en apparence. — Comment Racine souligne-t-il l'imprévu amusant des répliques de Dandin (vers 75-76)? Le comique du vers 80; comment interprétez-vous la réponse de Léandre (vers 81-82)?

INTÉRIEUR D'UN AVOCAT. Gravure d'Abraham Bosse.
On voit suspendus au mur les sacs de procès.

qui des deux est le plus utile
d'un marchand ou d'un chicaneur
l'un et pure qu'une cheuille
t'autre un presage de bonheur

A tuer des porceaux plaisir
au manger des boudins plaisir et
au payer des deniers fâcherie
douleur. On les voit du marché
aux porceaux

il n'est pas eschappé qui traine s

marchant de pourceaux porte plus de proffit aux Villes q'un Chican

Phot. Larousse.

L'INUTILITÉ DE LA CHICANE
Gravure satirique de Lagnier (XVIIᵉ siècle) illustrant des proverbes.

Pour attraper le bien d'autruy nous hasardons le nostre

...t iamais sage qu'on ne reuienne des plaits
...laid' et d'vn meschant voisin il
...s'enéloigner soir, et matin

Patience

Impudence

Plaideur.

Phot. Larousse.

LES DANGERS DES PROCÈS
Gravure satirique de Lagnier (XVIIᵉ siècle) illustrant des proverbes.

Le palais de Justice de Paris au XVIIᵉ siècle.
Gravure de Boisseau.

La salle des Pas-Perdus de l'ancien palais de Justice.
On aperçoit au premier plan le comptoir du buvetier (voir vers 107).

Chacun de tes rubans[1] me coûte une sentence.
Ma robe vous fait honte : un fils de juge! Ah! fi!
90 Tu fais le gentilhomme. Hé! Dandin, mon ami,
Regarde dans ma chambre et dans ma garde-robe,
Les portraits des Dandins : tous ont porté la robe;
Et c'est le bon parti. Compare prix pour prix
Les étrennes d'un juge à celles d'un marquis[2] :
95 Attends que nous soyons à la fin de décembre.
Qu'est-ce qu'un gentilhomme? Un pilier d'antichambre[3].
Combien en as-tu vu, je dis des plus huppés,
A souffler dans leurs doigts dans ma cour occupés,
Le manteau sur le nez, ou la main dans la poche;
100 Enfin, pour se chauffer, venir tourner ma broche!
Voilà comme on les traite. Hé! mon pauvre garçon,
De ta défunte mère est-ce là la leçon?
La pauvre Babonnette! Hélas! lorsque j'y pense,
Elle ne manquait pas une seule audience!
105 Jamais, au grand jamais, elle ne me quitta,
Et Dieu sait bien souvent ce qu'elle en rapporta :
Elle eût du buvetier emporté les serviettes
Plutôt que de rentrer au logis les mains nettes[4].
Et voilà comme on fait les bonnes maisons. Va,
110 Tu ne seras qu'un sot.

LÉANDRE

Vous vous morfondez là,
Mon père. Petit Jean, ramenez votre maître,
Couchez-le dans son lit; fermez porte, fenêtre;
Qu'on barricade tout, afin qu'il ait plus chaud.

---

1. Les rubans, assez chers, étaient très à la mode dans le vêtement masculin;
2. Furetière, dans *le Roman bourgeois*, fait dire de même à un de ses personnages :
« J'estime autant et plus un procureur qu'un gentilhomme [...], c'est qu'il n'y a
point de gentilhomme, tant puissant soit-il, qui ait pu ruiner le plus chétif procureur; et il n'y a point de si chétif procureur qui n'ait ruiné plusieurs riches gentilshommes »; **3.** Dandin a plaisir à faire attendre les gentilshommes qui viennent
le solliciter; **4.** Suivant Brossette, l'ami de Boileau, il y aurait là une allusion à la
femme du lieutenant criminel Tardieu, qui était célèbre par son avarice et avait
effectivement pris quelques serviettes chez le buvetier du Palais.

───── **QUESTIONS** ─────

● Vers 83-110. La composition de cette tirade paraît-elle au premier
abord très logique? Montrez que Dandin, dans sa folie, garde les traits
traditionnels du père de comédie. — Comment ces traits concordent-ils
avec les préjugés propres à sa condition sociale? — Le comique des
vers 102-108 n'a-t-il pas au fond quelque chose d'assez cruel? Quelle
image le juge a-t-il gardée de sa défunte femme?

PETIT JEAN

Faites donc mettre au moins des garde-fous là-haut.

DANDIN

115 Quoi? l'on me mènera coucher sans autre forme[1]?
Obtenez un arrêt comme il faut que je dorme.

LÉANDRE

Hé! par provision[2], mon père, couchez-vous.

DANDIN

J'irai; mais je m'en vais vous faire enrager tous :
Je ne dormirai point.

LÉANDRE

Hé bien! à la bonne heure!
120 Qu'on ne le quitte pas. Toi, l'Intimé, demeure.

SCÈNE V. — LÉANDRE, L'INTIMÉ.

LÉANDRE

Je veux t'entretenir un moment sans témoin.

L'INTIMÉ

Quoi? vous faut-il garder?

LÉANDRE

J'en aurais bon besoin.
J'ai ma folie, hélas! aussi bien que mon père.

---

1. Sans autre forme de procès (au sens juridique du terme); 2. *Par provision :*
en attendant le résultat du jugement par appel (terme juridique).

───────── **QUESTIONS** ─────────────────────

● Vers 110-120. Comment Léandre parvient-il à concilier fermeté et
respect à l'égard de son père? — Soulignez le comique des vers 115-
119 : par quel moyen Léandre obtient-il une concession de son père?
De quelle façon l'esprit de chicane et l'esprit de contradiction coïn-
cident-ils chez le vieillard?

■ Sur l'ensemble de la scène IV. — Étudiez le portrait du juge, tel
que le trace Dandin (vers 83-110). Comparez avec le même portrait
tracé par Aristophane dans *les Guêpes* (vers 550-572, voir la Documentation thématique), et marquez par quoi Racine a su donner à
son imitation un caractère d'originalité.
— Ne voit-on pas percer, dans la tirade de Dandin, la traditionnelle
rivalité entre bourgeois et nobles?

L'INTIMÉ

Ho! vous voulez juger?

LÉANDRE

Laissons là le mystère.

125 Tu connais ce logis?

L'INTIMÉ

Je vous entends[1] enfin :
Diantre! l'amour vous tient au cœur de bon matin.
Vous me voulez parler sans doute d'Isabelle.
Je vous l'ai dit cent fois : elle est sage, elle est belle;
Mais vous devez songer que monsieur Chicanneau
130 De son bien en procès consume le plus beau[2].
Qui ne plaide-t-il[3] point? Je crois qu'à l'audience
Il fera, s'il ne meurt, venir toute la France.
Tout auprès de son juge il s'est venu loger :
L'un veut plaider toujours, l'autre toujours juger,
135 Et c'est un grand hasard s'il conclut votre affaire
Sans plaider le curé, le gendre et le notaire.

LÉANDRE

Je le sais comme toi. Mais, malgré tout cela,
Je meurs pour Isabelle.

L'INTIMÉ

Hé bien, épousez-la.
Vous n'avez qu'à parler, c'est une affaire prête.

LÉANDRE

140 Hé! cela ne va pas si vite que ta tête[4].
Son père est un sauvage à qui je ferais peur.

---

1. *Entendre* : comprendre; 2. La plus grande part; 3. *Plaider quelqu'un* : attaquer quelqu'un en justice. Cet emploi transitif du verbe n'existe plus aujourd'hui (même emploi au vers 136); 4. Ta pensée.

──────── QUESTIONS ────────

● Vers 121-124. Étudiez l'habileté de cette transition; relevez les mots sur lesquels l'Intimé crée un quiproquo. Le spectateur peut-il deviner de quoi il est question? Sur quel ton l'Intimé prononce-t-il ces premières répliques?

● Vers 125-139. La valeur comique du portrait de Chicanneau. Comment Racine a-t-il su l'animer? Quelle est l'utilité d'opposer à Dandin un personnage qui soit sa réplique exacte (vers 134)? — Montrez l'intérêt de l'indication contenue au vers 133.

A moins que d'être huissier, sergent[1] ou procureur[2],
On ne voit point sa fille; et la pauvre Isabelle,
Invisible et dolente[3], est en prison chez elle.
145 Elle voit dissiper[4] sa jeunesse en regrets,
Mon amour en fumée, et son bien en procès.
Il la ruinera si l'on le laisse faire.
Ne connaîtrais-tu pas quelque honnête faussaire
Qui servît ses amis, en le payant[5], s'entend,
150 Quelque sergent zélé?

L'INTIMÉ

Bon! l'on en trouve tant!

LÉANDRE

Mais encore?

L'INTIMÉ

Ah! monsieur! si feu mon pauvre père
Était encor vivant, c'était bien votre affaire.
Il gagnait en un jour plus qu'un autre en six mois;
Ses rides sur son front gravaient tous ses exploits[6].
155 Il vous eût arrêté le carrosse d'un prince;
Il vous l'eût pris lui-même; et si dans la province
Il se donnait en tout vingt coups de nerf de bœuf,
Mon père pour sa part en emboursait dix-neuf[7].

---

1. *Sergent* : officier de justice chargé de signifier les actes de procédure, de faire exécuter les jugements. D'abord distincts des huissiers, les sergents, plus tard, se confondirent avec eux; 2. *Procureur* : officier de justice qui représentait les plaideurs devant le tribunal et qui avait le même rôle que l'avoué aujourd'hui; 3. *Dolente* : pleine de chagrin et de tristesse; 4. Pour *se dissiper*; 5. Si on le paie. Le participe est construit d'une manière plus souple qu'en français moderne, où il doit se rapporter au sujet du verbe à mode personnel; 6. Parodie de Corneille, *le Cid* (vers 35) : « Ses rides sur son front ont gravé ses exploits. » Ici, *exploits* s'entend des actes judiciaires signifiés par le sergent ou l'huissier; 7. Souvenir direct de Rabelais, qui, dans *Pantagruel*, quart livre, chap. XII, raconte que le principal moyen d'existence des *chiquanous* consiste à recevoir des coups, pour lesquels ils se font allouer ensuite des indemnités.

● QUESTIONS

● VERS 140-150. Comparez cette réplique à celle de l'Intimé (vers 126-136) : quel autre aspect de Chicanneau apparaît? Montrez qu'en fait les deux répliques sont complémentaires; que chacune révèle les préoccupations de celui qui les profère. — Qu'y a-t-il de traditionnel dans l'idée de chercher *quelque honnête faussaire* (vers 148)? Comparez aux *Fourberies de Scapin* (acte premier, scène II).

Mais de quoi s'agit-il? Suis-je pas fils de maître[1]?
160 Je vous servirai.

LÉANDRE

Toi?

L'INTIMÉ

Mieux qu'un sergent peut-être.

LÉANDRE

Tu porterais au père un faux exploit?

L'INTIMÉ

Hon! hon!

LÉANDRE

Tu rendrais[2] à la fille un billet?

L'INTIMÉ

Pourquoi non?
Je suis des deux métiers[3].

LÉANDRE

Viens, je l'entends qui crie.
Allons à ce dessein rêver ailleurs.

---

1. Digne de passer maître à mon tour dans ce corps de métier; **2.** Tu remettrais; **3.** Je suis capable de faire l'un et l'autre.

■ QUESTIONS

● Vers 151-164. Comment l'Intimé en arrive-t-il à proposer son aide? N'est-ce pas ce qu'espérait Léandre? — Marquez la valeur satirique des vers 150-160; quelle catégorie de gens de justice est visée ici? — Montrez que l'assurance de l'Intimé est vraisemblable (vers 161-163) : dans quel emploi traditionnel de la comédie entre-t-il ici?

■ Sur l'ensemble de la scène v. — Comment Racine rattache-t-il l'indispensable intrigue galante au dessein général de la pièce? Cette scène vous paraît-elle amenée naturellement?
— Quel emploi traditionnel occupent Chicanneau, Isabelle, Léandre et l'Intimé dans cette intrigue?
— Le personnage de l'Intimé : est-il vraisemblable que le secrétaire de Dandin puisse tenir l'emploi du valet ingénieux qui tire d'affaire le fils de son patron? Comment Racine justifie-t-il l'habileté de l'Intimé? Montrez que le poète lie ici adroitement l'intrigue amoureuse de sa pièce et la satire des gens de justice.

Scène VI. — CHICANNEAU, PETIT JEAN.

CHICANNEAU, *allant et revenant.*

La Brie[1],
165 Qu'on garde la maison, je reviendrai bientôt.
Qu'on ne laisse monter aucune âme là-haut.
Fais porter cette lettre à la poste du Maine[2].
Prends-moi dans mon clapier trois lapins de garenne,
Et chez mon procureur[3] porte-les ce matin.
170 Si son clerc vient céans[4], fais-lui goûter mon vin.
Ah! donne-lui ce sac qui pend à ma fenêtre.
Est-ce tout! Il viendra me demander peut-être
Un grand homme sec, là, qui me sert de témoin,
Et qui jure[5] pour moi lorsque j'en ai besoin :
175 Qu'il m'attende. Je crains que mon juge ne sorte :
Quatre heures vont sonner. Mais frappons à sa porte.

PETIT JEAN, *entrouvrant la porte.*
Qui va là?

CHICANNEAU
Peut-on voir monsieur?

PETIT JEAN, *refermant la porte.*
Non.

CHICANNEAU
Pourrait-on
Dire un mot à monsieur son secrétaire?

PETIT JEAN
Non.

CHICANNEAU
Et monsieur son portier?

---

1. Il était d'usage, au xviie siècle, de désigner les valets par le nom de leur province d'origine (Champagne, Basque, Picard, etc.); 2. La poste royale, service officiel, transmettait aussi les lettres des particuliers. Le Maine (voir vers 723) passait pour une région où l'on recrutait des témoins complaisants; 3. *Procureur :* voir le vers 142 et la note; 4. *Céans :* ici, à la maison; 5. *Jurer :* prêter serment.

● QUESTIONS

● Vers 164-176. Montrez que Chicanneau se montre ici parfait plaideur suivant l'usage de l'époque. Énumérez les détails caractéristiques qui nous permettent d'imaginer ce qu'est la vie quotidienne de Chicanneau; expliquez le vers 171. A quelle sorte de comique appartient le trait du vers 173?

PETIT JEAN

C'est moi-même.

CHICANNEAU

De grâce,
180 Buvez à ma santé, monsieur.

PETIT JEAN

Grand bien vous fasse!
Mais revenez demain.

CHICANNEAU

Hé! rendez donc l'argent.
Le monde est devenu, sans mentir, bien méchant.
J'ai vu que[1] les procès ne donnaient point de peine :
Six écus en gagnaient une demi-douzaine.
185 Mais aujourd'hui je crois que tout mon bien entier
Ne me suffirait pas pour gagner un portier.
Mais j'aperçois venir madame la comtesse
De Pimbesche[2]. Elle vient pour affaire qui presse.

---

1. J'ai vu un temps où; 2. Le *Dictionnaire de l'Académie* (1694) définissait le mot *pimbêche* : « Terme de mépris, en parlant d'une femme impertinente qui fait la capable. »

———— QUESTIONS ————

● Vers 177-181. La vivacité de ce dialogue; son comique : dans la situation, dans l'attitude des personnages. En quoi Chicanneau prête-t-il à rire? — Quel jeu de scène accompagne les vers 180-181?

● Vers 181-188. Montrez que cette façon d'envisager les choses de justice est comique; quelle déformation psychologique et morale révèle-t-elle chez Chicanneau? Quel effet produit le ton de cette méditation désabusée? — Comparez les vers 187-188 aux vers 60, 68 et 163 : Racine attache-t-il beaucoup d'importance à la présentation de nouveaux personnages? Le résultat plaisant du rejet (vers 188).

■ Sur l'ensemble de la scène VI. — Valeur dramatique et psychologique de l'entrée de Chicanneau. Comment Racine réussit-il en quelques vers à nous faire connaître la manière de vivre et de penser d'un personnage?

— De quelle manière cette scène illustre-t-elle par l'exemple le monologue de Petit Jean au début de la pièce? Comment le portier met-il maintenant en pratique sa maxime : « Point d'argent, point de Suisse »?

— Imaginez les jeux de scène; quelle en est l'importance ici? Est-ce un fait isolé dans la pièce jusqu'alors? Quelle conclusion peut-on en tirer sur cet aspect de cette comédie?

SCÈNE VII. — CHICANNEAU, LA COMTESSE.

CHICANNEAU

Madame, on n'entre plus.

LA COMTESSE

Hé bien! l'ai-je pas dit?
190 Sans mentir, mes valets me font perdre l'esprit.
Pour les faire lever c'est en vain que je gronde;
Il faut que tous les jours j'éveille tout mon monde.

CHICANNEAU

Il faut absolument qu'il se fasse celer[1].

LA COMTESSE

Pour moi, depuis deux jours je ne lui puis parler.

CHICANNEAU

195 Ma partie[2] est puissante, et j'ai lieu de tout craindre.

LA COMTESSE

Après ce qu'on m'a fait, il ne faut plus se plaindre.

CHICANNEAU

Si pourtant[3] j'ai bon droit.

LA COMTESSE

Ah! monsieur, quel arrêt!

CHICANNEAU

Je m'en rapporte à vous. Écoutez, s'il vous plaît.

LA COMTESSE

Il faut que vous sachiez, monsieur, la perfidie.

CHICANNEAU

200 Ce n'est rien dans le fond.

---

1. Faire dire qu'on n'est pas chez soi quand on y est effectivement, refuser sa porte; 2. *Partie* : adversaire dans un procès; 3. *Si pourtant* : cependant. *Si* est adverbe.

──── **QUESTIONS** ────

● VERS 189-200. Le comique de ce dialogue : montrez qu'il tient au fait que chacun monologue devant l'autre; en quoi cependant consiste l'unité de cette conversation? Valeur psychologique de ce faux dialogue. — Expliquez le sens de la réplique de Chicanneau (vers 200): que signifie *fond?* Montrez que cette réflexion trahit et explique l'esprit procédurier de celui qui l'exprime.

LA COMTESSE

Monsieur, que je vous die[1]...

CHICANNEAU

Voici le fait. Depuis quinze ou vingt ans en çà[2],
Au travers d'un mien pré certain ânon passa,
S'y vautra, non sans faire un notable dommage,
Dont je formai ma plainte au juge du village.
205 Je fais saisir l'ânon. Un expert est nommé,
A deux bottes de foin le dégât estimé.
Enfin, au bout d'un an, sentence par laquelle
Nous sommes renvoyés hors de cour. J'en appelle.
Pendant qu'à l'audience on poursuit un arrêt[3],
210 Remarquez bien ceci, madame, s'il vous plaît,
Notre ami Drolichon[4], qui n'est pas une bête,
Obtient pour quelque argent un arrêt sur requête[5],
Et je gagne ma cause. A cela, que fait-on?
Mon chicaneur s'oppose à l'exécution[6].
215 Autre incident : tandis qu'au procès on travaille,
Ma partie en mon pré laisse aller sa volaille.
Ordonné qu'il sera fait rapport à la cour
Du foin que peut manger une poule en un jour :
Le tout joint au procès enfin, et toute chose
220 Demeurant en état[7], on appointe[8] la cause,
Le cinquième ou sixième avril cinquante-six.
J'écris sur nouveaux frais[9]. Je produis[10], je fournis
De dits[11], de contredits[12], enquêtes, compulsoires[13],

---

1. Forme ancienne du subjonctif présent de *dire ;* encore courant au XVIIᵉ siècle;
2. *En çà :* par rapport à maintenant. Vieille expression du langage juridique;
3. Tandis qu'au tribunal (sens d'*audience*, ici) l'on fait la procédure nécessaire;
4. Ce nom a été peut-être suggéré à Racine par le personnage du procureur Vollichon, dans *le Roman bourgeois* de Furetière ; **5.** La *requête*, en procédure civile, s'oppose à l'*assignation*, en ce qu'elle saisit le juge directement sans que l'autre partie soit citée à se présenter devant lui. L'*arrêt sur requête* était donc rendu sans que l'adversaire ait pu se défendre; **6.** L'opposition est en effet la voie de recours permettant d'attaquer les jugements rendus par défaut; **7.** Les procédures nécessaires ayant été faites pour que le procès puisse être jugé; **8.** *Appointer*, c'est produire les pièces nécessaires (écrits, témoignages, etc.), pour régler l'affaire au mieux; **9.** Exposer de nouveau dans un mémoire les raisons que l'on apporte, en considérant tout ce qui a déjà été fait comme nul; **10.** Employé absolument, il faut sous-entendre des *preuves*, des *témoignages ;* **11.** *Dits :* pièces affirmant les faits relatifs à la cause; **12.** *Contredits :* pièces qu'une partie oppose à celles qui ont été fournies par la partie adverse; **13.** *Compulsoire :* arrêt autorisant à prendre communication d'un acte chez un notaire; par extension, cette prise de communication.

Rapports d'experts, transports[1], trois interlocutoires[2],
225 Griefs[3] et faits nouveaux, baux et procès-verbaux.
J'obtiens lettres royaux[4], et je m'inscris en faux.
Quatorze appointements, trente exploits[5], six instances[6],
Six-vingts[7] productions, vingt arrêts de défenses,
Arrêt enfin. Je perds ma cause avec dépens,
230 Estimés environ cinq à six mille francs.
Est-ce là faire droit? Est-ce là comme on juge?
Après quinze ou vingt ans! Il me reste un refuge :
La requête civile[8] est ouverte pour moi,
Je ne suis pas rendu. Mais vous, comme je voi[9],
235 Vous plaidez?

LA COMTESSE

Plût à Dieu!

CHICANNEAU

J'y brûlerai mes livres[10].

LA COMTESSE

Je...

---

1. Sous-entendu : d'experts sur les lieux ; 2. *Interlocutoire :* ordonnance d'enquête ; 3. *Grief :* mémoire exposant le préjudice causé par un jugement dont on fait appel ; 4. *Lettres royaux :* lettres de chancellerie expédiées au nom du roi. (A l'origine, *royaux* servait également au féminin) ; 5. *Exploit :* acte que l'huissier dresse pour notifier ou assigner ; 6. Jugement qui défend de passer outre à l'exécution de quelque chose ; 7. Ancienne forme de numération, encore en usage au XVIIe siècle, pour cent vingt ; 8. *Requête civile :* voie de recours extraordinaire pour obtenir qu'un jugement rendu en dernier ressort soit révisé. Elle tire son nom du fait que la requête doit être adressée en termes *civils* (polis) ; 9. Voir la rime du vers 65 et la note ; 10. Je sacrifierai mes dernières ressources. On raconte, pour expliquer l'origine de cette locution, qu'un alchimiste, à bout de ressources et se croyant près de découvrir la pierre philosophale, brûla ses livres pour alimenter son fourneau.

■ QUESTIONS

● VERS 201-235. Résumez le procès de Chicanneau en en marquant les différentes phases. A qui revient la responsabilité des rebondissements successifs de cette affaire? Est-ce étonnant? Comment se marque la compétence de Chicanneau en matière de procès (vocabulaire, démarches, manières de penser). Soulignez le comique qui en découle. — En rapprochant les vers 229-230 des vers 206 et 213, soulignez un autre aspect du comique : la disproportion. Comment Chicanneau réagit-il (vers 232-234)? — Quelle conception de la justice se fait le personnage d'après son indignation (vers 231-232)? De quoi se plaint-il? S'agit-il d'argent? S'il avait gagné son procès, sa joie serait-elle sans mélange (voir vers 129-132)? D'où vient le comique de *comme je voi* (vers 234)?

CHICANNEAU

Deux bottes de foin cinq à six mille livres!

LA COMTESSE

Monsieur, tous mes procès allaient être finis;
Il ne m'en restait plus que quatre ou cinq petits :
L'un contre mon mari, l'autre contre mon père,
240 Et contre mes enfants. Ah! monsieur, la misère!
Je ne sais quel biais ils ont imaginé,
Ni tout ce qu'ils ont fait; mais on leur a donné
Un arrêt par lequel, moi vêtue et nourrie[1],
On me défend, monsieur, de plaider de ma vie[2].

CHICANNEAU

245 De plaider!

LA COMTESSE

    De plaider.

CHICANNEAU

        Certes le trait est noir.
J'en suis surpris.

LA COMTESSE

    Monsieur, j'en suis au désespoir.

CHICANNEAU

Comment! lier les mains aux gens de votre sorte!
Mais cette pension, madame, est-elle forte?

LA COMTESSE

Je n'en vivrais, monsieur, que trop honnêtement.
250 Mais vivre sans plaider, est-ce contentement?

CHICANNEAU

Des chicaneurs viendront nous manger jusqu'à l'âme,
Et nous ne dirons mot! Mais, s'il vous plaît, madame,
Depuis quand plaidez-vous?

LA COMTESSE

        Il ne m'en souvient pas,
Depuis trente ans, au plus.

---

1. A condition qu'on m'assure le vêtement et la nourriture; 2. La comtesse de Crissé, qui semble bien être le prototype de la comtesse de Pimbesche, avait reçu du parlement l'interdiction d'intenter aucun procès sans l'avis par écrit de deux avocats que la cour lui nomma.

CHICANNEAU

Ce n'est pas trop.

LA COMTESSE

Hélas!

CHICANNEAU

255 Et quel âge avez-vous? Vous avez bon visage[1].

LA COMTESSE

Hé, quelque soixante ans.

CHICANNEAU

Comment! c'est le bel âge
Pour plaider.

LA COMTESSE

Laissez faire, ils ne sont pas au bout :
J'y vendrai ma chemise; et je veux rien ou tout.

CHICANNEAU

Madame, écoutez-moi. Voici ce qu'il faut faire.

LA COMTESSE

260 Oui, monsieur, je vous crois comme mon propre père.

CHICANNEAU

J'irais trouver mon juge.

---

1. Bonne mine.

======== QUESTIONS ========

● VERS 235-258. Qu'est-ce qui montre que la question de Chicanneau (vers 234-235) était de pure politesse? Dans quelle mesure peut-il s'intéresser aux affaires des autres? N'en est-il pas de même de la Comtesse? Sur quel ton entame-t-elle sa tirade (vers 237)? — Comparez l'importance de l'affaire qui inquiète la Comtesse et celle du procès de Chicanneau. Soulignez la vraisemblance de l'arrêt rendu (vers 243-244) : quelle en est l'importance et comment les répliques suivantes le marquent-elles avec insistance (vers 245-246)? — Montrez que la question de Chicanneau, au vers 248, fait écho à sa réflexion du vers 236 : un nouveau trait de caractère n'apparaît-il pas? En quoi peut-il expliquer aussi l'origine du procès (vers 201-204)? Comment concilier le fait que Chicanneau soit intéressé et qu'il dilapide sa fortune en procès? — Comment s'explique l'intérêt que Chicanneau prend à la personne de la Comtesse (vers 253-258)? Quelle solidarité s'établit pour un instant entre les deux personnages? Chicanneau est-il très soucieux des règles de la politesse mondaine en s'adressant à la Comtesse? Comment expliquer ce manque de savoir-vivre? — Comparez le vers 258 au premier hémistiche du vers 235.

Phot. Bernand.

« LES PLAIDEURS » A LA COMÉDIE-FRANÇAISE EN 1956.
La Comtesse (Berthe Bovy) et Chicanneau (Maurice Porterat).

LA COMTESSE

Oh! oui, monsieur, j'irai.

CHICANNEAU

Me jeter à ses pieds[1].

LA COMTESSE

Oui, je m'y jetterai :
Je l'ai bien résolu.

CHICANNEAU

Mais daignez donc m'entendre.

LA COMTESSE

Oui, vous prenez la chose ainsi qu'il la faut prendre.

CHICANNEAU

265 Avez-vous dit, madame[2]?

LA COMTESSE

Oui.

CHICANNEAU

J'irais sans façon
Trouver mon juge.

LA COMTESSE

Hélas! que ce monsieur est bon!

CHICANNEAU

Si vous parlez toujours, il faut que je me taise.

LA COMTESSE

Ah! que vous m'obligez! je ne me sens pas d'aise.

CHICANNEAU

J'irais trouver mon juge, et lui dirais...

---

1. Sollicitation abusive! (voir le vers 265, où Chicanneau précise *sans façon*). Un auteur de l'ancien droit français dit : « On entend par le mot de *sollicitations* les prières, les instances, les très fortes recommandations employées auprès d'un juge, pour qu'il donne une décision non pas conforme à l'équité, mais favorable à la cause que l'on défend et protège. » Dans *le Misanthrope*, Philinte presse Alceste de recourir à cette pratique, fort commune à l'époque. Voir aussi La Bruyère, *les Caractères* (« De quelques usages ») : « Celui qui sollicite son juge ne lui fait pas honneur; car ou il se défie de ses lumières et même de sa probité, ou il cherche à le prévenir, ou il lui demande une injustice. »; 2. Avez-vous dit tout ce que vous aviez à dire?

LA COMTESSE

Oui.

CHICANNEAU

Voi[1] !

270 Et lui dirais : Monsieur...

LA COMTESSE

Oui, monsieur.

CHICANNEAU

Liez-moi[2]...

LA COMTESSE

Monsieur, je ne veux point être liée.

CHICANNEAU

A l'autre[3] !

LA COMTESSE

Je ne la[4] serai point.

CHICANNEAU

Quelle humeur est la vôtre ?

LA COMTESSE

Non.

CHICANNEAU

Vous ne savez pas, madame, où je viendrai[5].

LA COMTESSE

Je plaiderai, monsieur, ou bien je ne pourrai.

---

1. Interjection d'impatience ; 2. On ne sait pas bien ce que veut dire Chicanneau ; peut-être est-ce un rappel du vers 247 : *Comment ! lier les mains aux gens de votre sorte !* Dans ce cas, la phrase serait : « Imposez-moi toutes les contraintes que vous voudrez, mais laissez-moi plaider. » La Comtesse se méprend sur le sens de *lier*, d'où l'altercation ; 3. Voilà bien autre chose! Expression elliptique qui marque l'impatience ; 4. La règle qui veut qu'en pareil cas on emploie le pronom *le*, et qui avait été établie par Vaugelas, n'était pas généralement admise au XVIIᵉ siècle ; Mᵐᵉ de Sévigné refusait de l'appliquer, prétextant qu'elle croirait « avoir de la barbe » si elle parlait ainsi ; 5. Quel sera mon propos, où je veux en venir.

● QUESTIONS ●

● Vers 259-270. Comment s'explique que Chicanneau pousse la sollicitude jusqu'à donner des conseils à la Comtesse ? — Le comique de ce passage : les procédés de farce (interruptions, répétitions). Le comique de caractère : que marque, chez Chicanneau, le besoin de reprendre sa pensée après chaque interruption ? La Comtesse écoute-t-elle après le vers 262 ? Quelle plaisanterie traditionnelle sur les femmes est reprise ici ? Comment la sénilité souligne-t-elle le trait ? — Marquez la progression de l'impatience chez Chicanneau : son utilité comique ; son intérêt psychologique : montrez que cet état d'esprit rend naturelle la fin de cette scène.

CHICANNEAU

275 Mais...

LA COMTESSE

Mais je ne veux point, monsieur, que l'on me lie.

CHICANNEAU

Enfin, quand une femme en tête a sa folie...

LA COMTESSE

Fou vous-même.

CHICANNEAU

Madame!

LA COMTESSE

Et pourquoi me lier?

CHICANNEAU

Madame...

LA COMTESSE

Voyez-vous! il se rend familier.

CHICANNEAU

Mais, madame...

LA COMTESSE

Un crasseux, qui n'a que sa chicane,

280 Veut donner des avis!

CHICANNEAU

Madame!

LA COMTESSE

Avec son âne!

CHICANNEAU

Vous me poussez.

LA COMTESSE

Bonhomme[1], allez garder vos foins.

CHICANNEAU

Vous m'excédez.

---

1. *Bonhomme* : terme familier pour désigner un vieil homme et aussi façon dédaigneuse dont les gens de la ville désignent un paysan. Les deux sens peuvent d'ailleurs se rencontrer ici.

LA COMTESSE

Le sot!

CHICANNEAU

Que n'ai-je des témoins[1]?

Scène VIII. — PETIT JEAN, LA COMTESSE,
CHICANNEAU.

PETIT JEAN

Voyez le beau sabbat[2] qu'ils font à notre porte.
Messieurs, allez plus loin tempêter de la sorte.

---

1. Cette plaisante dispute aurait eu réellement lieu, au dire de Brossette, entre la comtesse de Crissé et Balthazard de Lyonne, grand audiencier de France, dans la demeure du greffier Boileau, frère aîné du poète. Celui-ci aurait assisté à cette scène et en fit ensuite le récit à Racine; **2.** *Sabbat :* vacarme. Selon certaines superstitions populaires, le sabbat (septième jour de la semaine) était le jour consacré par les sorciers et les diables à leurs cérémonies magiques.

━━━━━ ● QUESTIONS ━━━━━

● Vers 271-282. Cette querelle était-elle imprévue? Cherchez ce qui l'a préparée : dans le caractère des personnages; dans leur situation; dans le ton sur lequel, graduellement, ils en sont venus à se parler; et dans les mots employés par Chicanneau (vers 270). Montrez : que l'entêtement de chacun dans sa conviction est à la source de ce quiproquo; qu'il suffirait de laisser Chicanneau s'expliquer pour que tout se dissipe.
— Qui, le premier, laisse échapper un mot excessif? Cherchez, dans le passage précédent, ce qui, psychologiquement, explique ce manque de sang-froid. Montrez que les mouvements de cette querelle sont rythmés d'abord par des variations sur le mot *lier*, puis par les répétitions de *Madame*, pour se terminer sur des injures caractérisées.

■ Sur l'ensemble de la scène VII. — Dégagez le dessin de cette scène. Faites-en le plan et précisez-en la marche. Quel est le procédé dramatique que Racine utilise ici?
— Le jargon de la chicane dans le récit de Chicanneau.
— Comment, présentant deux types identiques de plaideurs obstinés, Racine a-t-il su introduire entre eux quelque diversité?
— Analysez les procédés comiques dans cette scène, en examinant la rencontre des deux plaideurs, la tirade de Chicanneau et enfin la dispute finale : celle-ci ne doit-elle pas s'accompagner de gestes, de jeux de scène? Imaginez-les.
— Comparez l'évolution de cette scène avec le mouvement de la scène III de l'acte III des *Femmes savantes* de Molière. Marquez-en les points communs aux points de vue dramatique et psychologique.
— La versification : relevez les enjambements et les coupes dont l'effet vous semble plaisant. Le rythme du vers vous paraît-il le même au début et à la fin de la scène?

CHICANNEAU

285 Monsieur, soyez témoin...

LA COMTESSE

Que monsieur est un sot.

CHICANNEAU

Monsieur, vous l'entendez, retenez bien ce mot.

PETIT JEAN

Ah! vous ne deviez pas lâcher cette parole.

LA COMTESSE

Vraiment, c'est bien à lui de me traiter de folle!

PETIT JEAN

Folle! vous avez tort. Pourquoi l'injurier?

CHICANNEAU

290 On[1] la conseille.

PETIT JEAN

Oh!

LA COMTESSE

Oui, de me faire lier.

PETIT JEAN

Oh! monsieur!

CHICANNEAU

Jusqu'au bout que ne m'écoute-t-elle?

PETIT JEAN

Oh! madame!

LA COMTESSE

Qui, moi, souffrir qu'on me querelle?

CHICANNEAU

Une crieuse!

PETIT JEAN

Hé! paix!

LA COMTESSE

Un chicaneur!

_____

1. *On* équivaut ici à *je*.

PETIT JEAN

Holà!

CHICANNEAU

Qui n'ose plus plaider.

LA COMTESSE

Que t'importe cela?
295 Qu'est-ce qui t'en revient, faussaire abominable,
Brouillon[1], voleur!

CHICANNEAU

Et bon, et bon, de par le diable!
Un sergent! un sergent[2]!

LA COMTESSE

Un huissier! un huissier!

PETIT JEAN

Ma foi, juge et plaideurs, il faudrait tout lier.

---

1. *Brouillon :* importun, qui embrouille les affaires; 2. Voir le vers 142 et la note.

————— ■ QUESTIONS ■ —————————————————————

■ Sur la scène VIII. — Soulignez la force comique de cette scène.
Comment prolonge-t-elle la scène VII? Marquez-en la progression.
Quel élément nouveau la présence de Petit Jean apporte-t-elle? Le
comique des injures échangées au vers 293.

— Comparez le rôle que les deux plaideurs font jouer à Petit Jean
ici avec celui qu'il avait à la scène VI et que lui prête la Comtesse au
vers 194 : montrez le retournement de la situation. Quelle est l'attitude
de Petit Jean dans cette scène?

— Rapprochez la première et la dernière réplique de Petit Jean :
leur portée ne dépasse-t-elle pas les circonstances qui les ont fait naître?
Comment et avec quelle signification le mot *lier* réapparaît-il ici? Soulignez l'habileté de l'avoir utilisé — dans ses deux sens à la fois — au
dernier vers de l'acte pour tirer la moralité de cette première phase
de l'action.

■ Sur l'ensemble de l'acte premier. — La composition de cet acte :
quelle est la seule scène qui amorce l'intrigue proprement dite? Comment
qualifier les données de cette intrigue? A quoi sont consacrées les
autres scènes de l'acte? Quel personnage fait la liaison entre l'intrigue
galante et la satire du monde de la justice?

— Les sources du comique : étudiez les quatre personnages les plus
caractéristiques de cet acte (Petit Jean, Dandin, Chicanneau, la
Comtesse) en montrant que leur aspect caricatural est solidement
fondé sur le comique né de leur caractère et de leur condition.

— Notez que Racine réserve le mot de la fin à Petit Jean, de qui le
monologue ouvre l'acte. Quelle conclusion en tirer sur le rôle de
Petit Jean?

ACTE II

SCÈNE PREMIÈRE. — LÉANDRE, L'INTIMÉ.

L'INTIMÉ

Monsieur, encore un coup, je ne puis pas tout faire :
300 Puisque je fais l'huissier, faites le commissaire[1].
En robe sur mes pas il ne faut que venir,
Vous aurez tout moyen de vous entretenir[2].
Changez en cheveux noirs votre perruque blonde.
Ces plaideurs songent-ils que vous soyez au monde?
305 Hé! lorsqu'à votre père ils vont faire leur cour,
A peine seulement savez-vous s'il est jour.
Mais n'admirez-vous pas cette bonne comtesse
Qu'avec tant de bonheur la fortune[3] m'adresse;
Qui, dès qu'elle me voit, donnant dans le panneau[4],
310 Me charge d'un exploit[5] pour monsieur Chicanneau,
Et le fait assigner pour certaine parole,
Disant qu'il la voudrait faire passer pour folle,
Je dis folle à lier, et pour d'autres excès
Et blasphèmes[6], toujours l'ornement des procès?
315 Mais vous ne dites rien de tout mon équipage[7]?
Ai-je bien d'un sergent le port et le visage?

LÉANDRE

Ah! fort bien.

L'INTIMÉ

Je ne sais, mais je me sens enfin
L'âme et le dos six fois plus durs que ce matin[8].
Quoi qu'il en soit, voici l'exploit et votre lettre :
320 Isabelle l'aura, j'ose vous le promettre.
Mais, pour faire signer le contrat que voici,
Il faut que sur mes pas vous vous rendiez ici.
Vous feindrez d'informer[9] sur toute cette affaire,
Et vous ferez l'amour[10] en présence du père.

---

1. *Commissaire* : officier de justice chargé de faire les enquêtes; 2. Avec Isabelle;
3. *La fortune* : le hasard; 4. Tombée dans le piège. Le *panneau* est un filet pour
prendre les oiseaux. La Comtesse a pris l'Intimé pour un véritable huissier;
5. *Exploit* : voir le vers 154 et la note; 6. *Blasphèmes* : au sens général d'« outrages »;
7. *Équipage* : vêtement, déguisement; 8. Il est prêt à recevoir des coups; voir les
vers 157-158 et la note; 9. *Informer* : faire une enquête, instruire une affaire (terme
juridique); 10. Vous ferez la cour à Isabelle.

LÉANDRE

325 Mais ne va pas donner l'exploit pour le billet.

L'INTIMÉ

Le père aura l'exploit, la fille le poulet[1].
Rentrez.

SCÈNE II. — L'INTIMÉ, ISABELLE.

ISABELLE

Qui frappe?

L'INTIMÉ

Ami. C'est la voix d'Isabelle[2].

ISABELLE

Demandez-vous quelqu'un, monsieur?

L'INTIMÉ

Mademoiselle,
C'est un petit exploit que j'ose vous prier
330 De m'accorder l'honneur de vous signifier[3].

ISABELLE

Monsieur, excusez-moi, je n'y puis rien comprendre.
Mon père va venir, qui pourra vous entendre.

L'INTIMÉ

Il n'est donc pas ici, mademoiselle?

ISABELLE

Non.

---

1. *Poulet :* billet doux; 2. Ces derniers mots sont dits en aparté; 3. *Signifier :* notifier (terme juridique).

──────── QUESTIONS ────────

■ SUR LA SCÈNE PREMIÈRE. — Que s'est-il passé pendant l'entracte? Quelle circonstance a favorisé le projet conçu par Léandre et l'Intimé à la scène v de l'acte premier?

— Montrez que les deux plans sur lesquels l'intrigue semblait s'engager (les projets amoureux de Léandre et la querelle de Chicanneau et de la Comtesse) se rejoignent maintenant.

— Dégagez ce qu'il y a de vif, et cependant d'un peu traînant encore dans la façon dont s'ouvre le deuxième acte. Pourquoi l'Intimé parle-t-il tant, et Léandre si peu?

L'INTIMÉ

L'exploit, mademoiselle, est mis sous votre nom[1].

ISABELLE

335 Monsieur, vous me prenez pour un autre[2], sans doute :
Sans avoir de procès, je sais ce qu'il en coûte;
Et si l'on n'aimait pas à plaider plus que moi,
Vos pareils pourraient bien chercher un autre emploi.
Adieu.

L'INTIMÉ

Mais permettez...

ISABELLE

Je ne veux rien permettre.

L'INTIMÉ

340 Ce n'est pas un exploit.

ISABELLE

Chanson[3].

L'INTIMÉ

C'est une lettre.

ISABELLE

Encor moins.

L'INTIMÉ

Mais lisez.

ISABELLE

Vous ne m'y tenez pas[4].

L'INTIMÉ

C'est de monsieur...

---

1. L'Intimé prend ici des libertés avec le droit : l'exploit ne peut être *mis* que sous le nom de Chicanneau; 2. *Un autre* est ici au masculin avec un sens général; 3. Bagatelle, chose sans importance. Expression familière pour marquer le peu d'intérêt qu'on accorde aux paroles de quelqu'un; 4. Vous ne me prenez pas à votre piège.

──────── QUESTIONS ────────

● VERS 327-340. Quelle est la première réaction d'Isabelle en apercevant le prétendu huissier? Montrez l'importance des vers 335-338 : comment s'explique l'aversion de la jeune fille pour les gens de justice? — L'évolution du ton d'Isabelle à mesure que l'Intimé insiste : cesse-t-elle d'être une jeune fille bien élevée malgré son impatience? — Comment l'Intimé, qui a affirmé au vers 163 être *des deux métiers*, joue-t-il son rôle? Pourquoi ne se démasque-t-il pas dès qu'Isabelle lui apprend l'absence de Chicanneau? Est-ce par prudence ou par jeu?

ISABELLE

Adieu.

L'INTIMÉ

Léandre.

ISABELLE

Parlez bas.

C'est de monsieur...?

L'INTIMÉ

Que diable! on a bien de la peine
A se faire écouter : je suis tout hors d'haleine.

ISABELLE

345 Ah! l'Intimé, pardonne à mes sens étonnés;
Donne.

L'INTIMÉ

Vous me deviez fermer la porte au nez.

ISABELLE

Et qui t'aurait connu¹ déguisé de la sorte?
Mais donne.

L'INTIMÉ

Aux gens de bien ouvre-t-on votre porte?

ISABELLE

Hé! donne donc.

L'INTIMÉ

La peste²...

ISABELLE

Oh! ne donnez donc pas.
350 Avec votre billet retournez sur vos pas.

_____

1. *Connaître* : reconnaître; 2. Juron d'impatience : Isabelle tente d'arracher
la lettre à l'Intimé.

────── ● QUESTIONS ──────

● Vers 341-344. Quel est le deuxième trait de caractère d'Isabelle qui
apparaît au vers 341? — Pourquoi change-t-elle brusquement d'attitude au vers 342? Est-elle aussi ingénue qu'elle le paraissait d'abord?
Pourquoi Isabelle pose-t-elle la question du vers 343, et pourquoi
l'Intimé n'y répond-il pas?

L'INTIMÉ

Tenez. Une autre fois ne soyez pas si prompte[1].

SCÈNE III. — CHICANNEAU, ISABELLE, L'INTIMÉ.

CHICANNEAU

Oui, je suis donc un sot, un voleur, à son compte[2] ?
Un sergent s'est chargé de la remercier[3],
Et je lui vais servir un plat de mon métier[4].
355 Je serais bien fâché que ce fût à refaire,
Ni qu'elle m'envoyât assigner la première[5].
Mais un homme ici parle à ma fille ! Comment ?
Elle lit un billet ? Ah ! c'est de quelque amant.
Approchons.

---

1. *Prompt :* vif ; 2. A ce que pense la Comtesse. (Chicanneau se parle à lui-même) ; 3. Il faut comprendre que ce sergent a été chargé de cette mission par Chicanneau lui-même ; 4. Jouer un tour de ma façon ; 5. Bien que la phrase ne soit pas de tournure négative, *ni* implique une idée négative : je ne veux pas qu'elle soit la première à m'assigner, c'est-à-dire à me faire comparaître devant un juge.

--- **QUESTIONS** ---

● VERS 345-351. Dans quelle intention Racine prolonge-t-il le jeu comique entre Isabelle et l'Intimé ? Celui-ci n'a-t-il pas une revanche à prendre sur Isabelle ? Montrez qu'il tient à avoir le dernier mot dans cette scène. Analysez les réactions d'Isabelle : qu'y a-t-il de naturel dans son impatience, puis dans son dépit ?

■ SUR L'ENSEMBLE DE LA SCÈNE II. — Dégagez les moments successifs de cette scène : sur quel rythme se succèdent-ils ? Comment la versification et le style concourent-ils à la légèreté et à la vivacité de la scène ?

— Le comique de situation : de quelle façon le spectateur participe-t-il à la ruse de l'Intimé ? Le comique de geste : imaginez les attitudes, le ton de chacun des personnages à chacun des moments de la scène.

— Le caractère d'Isabelle : qu'y a-t-il de conventionnel dans le personnage, qui porte d'ailleurs le nom traditionnel de la jeune amoureuse dans la comédie italienne, puis dans les comédies de l'Hôtel de Bourgogne ? Par quels traits particuliers Racine lui donne-t-il une personnalité propre ?

● VERS 352-359. L'arrivée de Chicanneau était-elle attendue (voir vers 332) ? Quel est alors le sentiment du spectateur ? — Les deux aspects du caractère de Chicanneau qui apparaissent dans ce monologue : comment résument-ils bien le personnage ? Montrez qu'ils se rapportent aussi aux deux plans sur lesquels se déroule la comédie ?

ISABELLE

Tout de bon, ton maître est-il sincère?
360 Le croirai-je?

L'INTIMÉ

Il ne dort non plus que votre père.
Il se tourmente; il vous...
(Apercevant Chicanneau)
fera voir aujourd'hui
Que l'on ne gagne rien à plaider contre lui.

ISABELLE

C'est mon père! Vraiment, vous leur pouvez apprendre
Que si l'on nous poursuit, nous saurons nous défendre.
365 Tenez, voilà le cas qu'on fait de votre exploit.
(Isabelle déchire le billet.)

CHICANNEAU

Comment! c'est un exploit que ma fille lisoit[1]!
Ah! tu seras un jour l'honneur de ta famille :
Tu défendras ton bien. Viens, mon sang, viens ma fille[2].
Va, je t'achèterai le *Praticien françois*[3].
370 Mais, diantre! il ne faut pas déchirer les exploits.

ISABELLE

Au moins, dites-leur bien que je ne les crains guère :
Ils me feront plaisir : je les mets à pis faire[4].

CHICANNEAU

Hé! ne te fâche point.

---

1. Bien que la prononciation *ai* fût déjà adoptée par la société polie, les gens du Palais, si l'on en croit Vaugelas, continuaient à prononcer la diphtongue *oi* « à pleine bouche ». (Voir aussi les rimes des vers 369-370); 2. Parodie du *Cid* (vers 226) : « Viens mon fils, viens mon sang... »; 3. Manuel de procédure de Jean Le Pain, avocat au Parlement; 4. Je les défie de faire plus de mal. Cette expression se retrouve aussi dans le style tragique (Corneille, *Horace*, vers 427-428).

--- **QUESTIONS** ---

● Vers 359-365. L'effet comique produit par le brusque changement de langage : s'il est normal que l'Intimé, rusé compère, pare habilement au danger, pouvait-on s'attendre à ce qu'Isabelle soit aussi prompte à trouver la solution? Sur quel ton prononce-t-elle : *C'est mon père!* (vers 363)?

ISABELLE

Adieu, monsieur.

SCÈNE IV. — CHICANNEAU, L'INTIMÉ.

L'INTIMÉ

Or çà,

Verbalisons[1].

CHICANNEAU

Monsieur, de grâce, excusez-la :
375 Elle n'est pas instruite[2] ; et puis, si bon vous semble,
En voici les morceaux que je vais mettre ensemble.

L'INTIMÉ

Non.

CHICANNEAU

Je le lirai bien.

L'INTIMÉ

Je ne suis pas méchant :
J'en ai sur moi copie[3].

---

1. En fait l'Intimé n'a pas le droit de verbaliser : une fois remise, la copie de l'exploit n'appartient plus à l'huissier, mais à la partie citée, qui peut en faire ce qu'elle veut ; 2. Elle n'est pas au courant des questions de procédure ; 3. Du point de vue juridique, cela est pure fantaisie ; la copie est censée avoir été remise à Isabelle, et c'est l'original que détient le sergent.

———— QUESTIONS ————

● VERS 366-372. Comment Chicanneau, qui avait pourtant flairé la vérité (vers 358), peut-il être aussi aisément dupé ? Quelle déformation psychologique explique son aveuglement ? Les deux réactions successives du plaideur (vers 366 et 370). — La parodie du style tragique : quel parti Racine tire-t-il du jeu sur le mot *exploit* ? — En quoi la sortie d'Isabelle est-elle une seconde preuve de sa présence d'esprit ?

■ SUR L'ENSEMBLE DE LA SCÈNE III. — Comment Racine adapte-t-il à son sujet une situation comique traditionnelle, celle du barbon dupé ? Quel est le rôle de l'Intimé ? La ruse d'Isabelle, moins ingénue qu'à la scène précédente, la rend-elle antipathique ?

— La parodie du style tragique : est-ce Racine l'inventeur de ce procédé ? Est-il explicable que Racine choisisse justement Corneille pour cible de sa parodie ?

● VERS 373-378. L'habileté de l'Intimé : comment tire-t-il parti de la situation imprévue où il se trouve ? Quel geste fait Chicanneau au vers 376 ? En quoi cela représente-t-il un danger pour l'Intimé ?

CHICANNEAU

Ah! le trait est touchant.
Mais je ne sais pourquoi, plus je vous envisage,
380 Et moins je me remets, monsieur, votre visage[1].
Je connais force huissiers.

L'INTIMÉ

Informez-vous de moi :
Je m'acquitte assez bien de mon petit emploi.

CHICANNEAU

Soit. Pour qui venez-vous?

L'INTIMÉ

Pour une brave dame,
Monsieur, qui vous honore, et de toute son âme
385 Voudrait que vous vinssiez, à ma sommation,
Lui faire un petit mot de réparation[2].

CHICANNEAU

De réparation? Je n'ai blessé personne.

L'INTIMÉ

Je le crois : vous avez, monsieur, l'âme trop bonne.

CHICANNEAU

Que demandez-vous donc?

L'INTIMÉ

Elle voudrait, monsieur,
390 Que devant des témoins vous lui fissiez l'honneur
De l'avouer[3] pour sage et point extravagante.

---

1. *Se remettre quelqu'un* ou *quelque chose* : se le mettre de nouveau dans l'esprit, s'en souvenir. On dit encore couramment *remettre quelqu'un* au sens de *reconnaître* ;
2. *Réparation* : excuses; 3. *Avouer* : reconnaître formellement.

─────── **QUESTIONS** ───────

● Vers 379-391. Pourquoi Chicanneau, si déférent jusque-là, devient-il méfiant (vers 380-381)? Ces soupçons de Chicanneau peuvent-ils beaucoup inquiéter l'Intimé ou bien font-ils son jeu? Pourquoi prend-il ce ton doucereux pour accomplir sa mission? Analysez l'ironie du vers 382. — Est-il naturel que Chicanneau ait déjà oublié sa querelle avec la Comtesse, alors qu'il a lui-même (voir vers 344) chargé un sergent de *la remercier*? Quel trait de caractère se confirme ainsi?

CHICANNEAU

Parbleu, c'est ma comtesse!

L'INTIMÉ

Elle est votre servante[1].

CHICANNEAU

Je suis son serviteur.

L'INTIMÉ

Vous êtes obligeant,

Monsieur.

CHICANNEAU

Oui, vous pouvez l'assurer qu'un sergent
395 Lui doit porter pour moi tout ce qu'elle demande.
Hé quoi donc? les battus, ma foi, paieront l'amende[2]!
Voyons ce qu'elle chante. Hon... *Sixième janvier,*
Pour avoir faussement dit qu'il fallait lier,
Étant à ce porté par esprit de chicane,
400 *Haute et puissante dame Yolande Cudasne,*
Comtesse de Pimbesche, Orbesche, et cætera,
Il soit dit que sur l'heure il se transportera
Au logis de la dame, et là, d'une voix claire,
Devant quatre témoins assistés d'un notaire,
405 Zeste[3]! *ledit Hiérôme avouera hautement*
Qu'il la tient pour sensée et de bon jugement.
LE BON[4]. C'est donc le nom de votre seigneurie?

---

1. Elle vous salue bien. Expression courante dans la politesse du temps; elle peut, selon le ton que l'on emploie, devenir ironique ou même insolente. Même remarque pour la réponse de Chicanneau : *Je suis son serviteur*; 2. « Quand un homme qui, au jugement du peuple, avait bonne cause, toutefois, par malheur, avait perdu son procès, on disait en commun proverbe : « Il est des hommes de Lorry, où le battu paye l'amende » (Etienne Pasquier, *Recherches de la France*, I, VII, chap. XXXVII [1617]); 3. *Zeste!* : interjection ironique et de mépris; 4. Racine a donné, par antiphrase, à son huissier le nom de *Le Bon*, comme Molière avait donné à son sergent du *Tartuffe* celui de *Loyal*. On a remarqué également que la *Logique de Port-Royal*, publiée par Arnauld et Nicole, avait paru sous le titre de *Logique de M. Le Bon*. Peut-être y a-t-il une intention satirique de Racine à l'égard de ses anciens maîtres.

━━━ QUESTIONS ━━━

● VERS 392-407. Pourquoi le ton de Chicanneau devient-il agressif et acide à partir du vers 393? Quel trait psychologique de l'incorrigible plaideur reparaît ici? — Le texte de l'exploit est-il seulement comique par le pastiche du style de la procédure? D'où vient aussi le comique de mots? — D'après la note du vers 407, essayez d'apprécier l'impression que pouvait faire sur les spectateurs de 1668 le nom supposé de l'huissier Le Bon.

L'INTIMÉ

Pour vous servir. Il faut payer d'effronterie[1].

CHICANNEAU

Le Bon! Jamais exploit ne fut signé Le Bon.
410 Monsieur Le Bon!

L'INTIMÉ

Monsieur.

CHICANNEAU

Vous êtes un fripon.

L'INTIMÉ

Monsieur, pardonnez-moi, je suis fort honnête homme.

CHICANNEAU

Mais fripon le plus franc[2] qui soit de Caen à Rome.

L'INTIMÉ

Monsieur, je ne suis pas pour[3] vous désavouer :
Vous aurez la bonté de me le bien payer[4].

CHICANNEAU

415 Moi, payer? En soufflets.

L'INTIMÉ

Vous êtes trop honnête :
Vous me le paierez bien[5].

CHICANNEAU

Oh! tu me romps la tête.
Tiens, voilà ton paiement.

L'INTIMÉ

Un soufflet! Écrivons :
Lequel Hiérôme, après plusieurs rébellions,
Aurait atteint[6], frappé, moi sergent, à la joue,
420 *Et fait tomber, d'un coup, mon chapeau dans la boue.*

---

1. Ces derniers mots sont dits en aparté; 2. *Franc* ajouté à une appellation injurieuse en accentue le sens; un *franc scélérat* est un pur scélérat sur lequel il ne peut y avoir de doute; 3. Je ne suis pas homme à...; 4. Une injure adressée à un officier de justice rendait passible d'une amende; 5. L'expression reprend celle du vers 415, mais il s'y ajoute aussi le sens familier de l'expression « Je me vengerai de vous »; 6. Ce conditionnel, comme les suivants, parodie le style des procès verbaux, qui relatent les faits sans les affirmer catégoriquement, pour laisser au délinquant le droit de les contester devant ses juges.

CHICANNEAU

Ajoute cela.

L'INTIMÉ

Bon : c'est de l'argent comptant[1];
J'en avais bien besoin. *Et, de ce non content,*
Aurait avec le pied réitéré. Courage!
Outre plus, le susdit[2] serait venu, de rage,
425 *Pour lacérer ledit présent procès-verbal.*
Allons, mon cher monsieur, cela ne va pas mal.
Ne vous relâchez point.

CHICANNEAU

Coquin!

L'INTIMÉ

Ne vous déplaise,
Quelques coups de bâton, et je suis à mon aise[3].

CHICANNEAU

Oui-da : je verrai bien s'il est sergent.

L'INTIMÉ, *en posture d'écrire.*

Tôt donc,
430 Frappez : j'ai quatre enfants à nourrir.

CHICANNEAU

Ah! pardon!
Monsieur, pour un sergent je ne pouvais vous prendre;

---

1. Chicanneau vient de frapper l'Intimé une seconde fois. Voir la note du vers 158; 2. Celui qui a déjà été nommé : expression de la langue du Palais; 3. Donnez-moi, s'il vous plaît, quelques coups de bâton, et, grâce à l'amende qu'on vous infligera, je serai dans l'aisance.

● QUESTIONS ───────────────────

● VERS 408-430. Comment le texte nous indique-t-il les différents jeux de scène de cette querelle? Montrez la progression des violences dans le comportement de Chicanneau. Dans quelle mesure la colère de Chicanneau est-elle exaspérée par les provocations de l'Intimé? Faut-il en conclure qu'il a perdu tout contrôle sur lui-même? L'importance du vers 429 pour expliquer la rage de Chicanneau. — Quelle est la résolution de l'Intimé (vers 408)? Tient-il bien son rôle? En vous reportant aux vers 156-160, expliquez pourquoi l'Intimé ne capitule pas sous les coups, comme le font souvent les valets imposteurs. Montrez qu'il met sa fierté à donner le change à Chicanneau.

BERTHE BOVY DANS LE ROLE DE LA COMTESSE EN 1925

Mais le plus habile homme enfin peut se méprendre.
Je saurai réparer ce soupçon outrageant.
Oui, vous êtes sergent, monsieur, et très sergent.
435 Touchez là : vos pareils sont gens que je révère;
Et j'ai toujours été nourri[1] par feu mon père
Dans la crainte de Dieu, monsieur, et des sergents.

L'INTIMÉ

Non, à si bon marché l'on ne bat point les gens.

CHICANNEAU

Monsieur, point de procès!

L'INTIMÉ

                              Serviteur[2]. Contumace[3],
440 Bâton levé, soufflet, coup de pied. Ah!

CHICANNEAU

                                        De grâce,
Rendez-les-moi plutôt.

L'INTIMÉ

                  Suffit qu'ils soient reçus,
Je ne les voudrais pas donner pour mille écus.

---

1. *Nourri* : élevé; **2.** *Serviteur* : voir le vers 392 et la note; **3.** *Contumace* : proprement, acte de ne pas comparaître devant le tribunal; ici, par extension, rébellion.

────── **QUESTIONS** ──────

● Vers 430-442. L'effet comique du vers 430. Est-ce par pitié que Chicanneau change brusquement d'attitude? — Les excuses de Chicanneau : comment un personnage si combatif peut-il tellement s'humilier? Est-ce par pure bassesse de caractère? Dans quelle mesure pense-t-il aussi être habile? — Pourquoi l'Intimé n'accepte-t-il pas les excuses de Chicanneau? Montrez qu'il sait garder la juste mesure pour duper jusqu'au bout sa victime.

■ Sur l'ensemble de la scène IV. — Sur quelle situation Racine fonde-t-il le comique de cette scène? L'Intimé tient-il tout à fait ici le rôle des valets imposteurs? Les différents moments de la scène : comment l'Intimé surmonte-t-il toutes les difficultés?

   — La satire des gens de justice : comment le faux huissier l'Intimé sert-il à Racine pour parodier le style de la basoche et pour railler les travers professionnels des *chiquanous*? Dans quelle mesure le spectateur d'aujourd'hui peut-il encore être sensible à cette satire?

   — On a critiqué parfois le peu de clairvoyance de Chicanneau dans cette scène : montrez que ses soupçons ne cessent que lorsqu'il a des preuves irréfutables sous les yeux. Quels aspects du caractère de Chicanneau se précisent et se révèlent ici?

Sᴄᴇ̀ɴᴇ V. — LÉANDRE, CHICANNEAU, L'INTIMÉ.

L'ɪɴᴛɪᴍᴇ́

Voici fort à propos monsieur le commissaire.
Monsieur, votre présence est ici nécessaire.
445 Tel que vous me voyez, monsieur ici présent
M'a d'un fort grand soufflet fait un petit présent.

LÉANDRE

A vous, monsieur?

L'ɪɴᴛɪᴍᴇ́

A moi, parlant à ma personne[1].
Item[2], un coup de pied; plus, les noms qu'il me donne.

LÉANDRE

Avez-vous des témoins?

L'ɪɴᴛɪᴍᴇ́

Monsieur, tâtez plutôt :
450 Le soufflet sur ma joue est encore tout chaud.

LÉANDRE

Pris en flagrant délit, affaire criminelle[3].

CHICANNEAU

Foin[4] de moi!

L'ɪɴᴛɪᴍᴇ́

Plus, sa fille, au moins soi-disant telle[5],
A mis un mien papier en morceaux, protestant
Qu'on lui ferait plaisir, et que d'un œil content
455 Elle nous défiait[6].

---

1. Emploi comique ici d'une formule usuelle de procédure; 2. *Item :* de la même manière; encore un terme du jargon juridique; 3. Le soufflet donné au sergent est un délit qui se juge non au *civil*, comme les contestations entre particuliers, mais au *criminel* et expose à des peines afflictives; 4. Cette interjection exprime le dégoût, la colère, la crainte; 5. Réserve prudente d'un homme de justice qui craint de s'engager par une affirmation téméraire; 6. Affirmant solennellement qu'on lui ferait plaisir (voir vers 372) et témoignant par son attitude qu'elle nous défiait d'un regard satisfait. Le verbe *protester* est donc pris ici avec deux nuances différentes, selon la proposition complément dont il est suivi; c'est un mot familier lui aussi aux gens de justice.

LÉANDRE

Faites venir la fille.
L'esprit de contumace[1] est dans cette famille.

CHICANNEAU

Il faut absolument qu'on m'ait ensorcelé :
Si j'en connais pas un[2], je veux être étranglé.

LÉANDRE

Comment? battre un huissier! Mais voici la rebelle.

SCÈNE VI. — LÉANDRE, ISABELLE,
CHICANNEAU, L'INTIMÉ.

L'INTIMÉ, *à Isabelle.*

460 Vous le reconnaissez?

LÉANDRE

Hé bien, mademoiselle,
C'est donc vous qui tantôt braviez notre officier[3],
Et qui si hautement osez nous défier?
Votre nom?

ISABELLE

Isabelle.

LÉANDRE, *à l'Intimé.*

Écrivez. Et votre âge?

ISABELLE

Dix-huit ans.

---

1. *Contumace :* voir le vers 439 et la note; 2. Aucun. L'expression *pas un* s'employait au sens de *un seul* dans des propositions affirmatives de forme, mais négatives d'idée; 3. *Officier :* titulaire d'un office, d'une charge. Il dit *notre* officier, puisqu'il fait partie lui aussi de la hiérarchie des gens de justice.

─────── QUESTIONS ───────

■ SUR LA SCÈNE V. — Pourquoi fallait-il interrompre la scène entre Chicanneau et l'Intimé? Pouvait-elle se prolonger encore? Est-on surpris de voir paraître Léandre à ce moment (revoir les vers 299-302)?
— La situation est-elle toutefois exactement celle qui était prévue à l'origine? Comment l'Intimé s'y prend-il pour mettre au courant Léandre de ce qui s'est passé, sans éveiller la méfiance de Chicanneau?
— Léandre joue-t-il bien son rôle de commissaire? D'où vient pourtant que les soupçons de Chicanneau se réveillent (vers 457-458)?

CHICANNEAU

Elle en a quelque peu davantage;
465 Mais n'importe.

LÉANDRE

Êtes-vous en pouvoir de mari[1]?

ISABELLE

Non, monsieur.

LÉANDRE

Vous riez? Écrivez qu'elle a ri.

CHICANNEAU

Monsieur, ne parlons point de maris à des filles;
Voyez-vous, ce sont là des secrets de familles[2].

LÉANDRE

Mettez qu'il interrompt.

CHICANNEAU

Hé! je n'y pensais pas.
470 Prends bien garde, ma fille, à ce que tu diras.

LÉANDRE

Là, ne vous troublez point. Répondez à votre aise.
On ne veut pas rien[3] faire ici qui vous déplaise.
N'avez-vous pas reçu de l'huissier que voilà
Certain papier tantôt?

ISABELLE

Oui, monsieur.

1. Cette question n'est nullement en contradiction avec le qualificatif de *mademoiselle*, que Léandre a donné plus haut à Isabelle; le titre de *mademoiselle* se donnait alors aux femmes mariées qui n'étaient pas nobles ou qui, étant nobles, n'étaient pas titrées; 2. Des questions qui ne se traitent pas devant des étrangers. Le pluriel de *familles* a été amené par la rime; 3. *Rien* a ici son sens étymologique : une chose; il ne forme donc pas pléonasme avec *pas*.

——— QUESTIONS ———

● Vers 460-470. L'utilité de la première réplique de l'Intimé : quelle situation crée-t-elle immédiatement entre les quatre personnages? Que pouvait-on craindre si Isabelle ne reconnaissait pas Léandre dès l'abord? Analysez le sentiment du spectateur au début de cette scène. — Quel trait de caractère le vers 464 révèle-t-il chez Isabelle? Comment interpréter son rire au vers 466? — Quel souci pousse Chicanneau à intervenir? Par quels moyens Léandre le neutralise-t-il?

CHICANNEAU

Bon cela.

LÉANDRE

475 Avez-vous déchiré ce papier sans le lire?

ISABELLE

Monsieur, je l'ai lu.

CHICANNEAU

Bon.

LÉANDRE

Continuez d'écrire.
Et pourquoi l'avez-vous déchiré?

ISABELLE

J'avais peur
Que mon père ne prît l'affaire trop à cœur,
Et qu'il ne s'échauffât le sang à sa lecture.

CHICANNEAU

480 Et tu fuis les procès? C'est méchanceté pure.

LÉANDRE

Vous ne l'avez donc pas déchiré par dépit[1],
Ou par mépris de ceux qui vous l'avaient écrit?

ISABELLE

Monsieur, je n'ai pour eux ni mépris ni colère.

LÉANDRE

Écrivez.

CHICANNEAU

Je vous dis qu'elle tient de son père :
485 Elle répond fort bien.

LÉANDRE

Vous montrez cependant
Pour tous les gens de robe un mépris évident.

ISABELLE

Une robe toujours m'avait choqué la vue;
Mais cette aversion à présent diminue.

CHICANNEAU

La pauvre enfant! Va, va, je te marierai bien,
490 Dès que je le pourrai, s'il ne m'en coûte rien.

---

1. *Dépit* : accès de mauvaise humeur accompagné de dédain.

LÉANDRE

A la justice donc vous voulez satisfaire?

ISABELLE

Monsieur, je ferai tout pour ne pas vous déplaire.

L'INTIMÉ

Monsieur, faites signer.

LÉANDRE

Dans les occasions[1]
Soutiendrez-vous au moins vos dépositions?

ISABELLE

495 Monsieur, assurez-vous[2] qu'Isabelle est constante.

LÉANDRE

Signez. Cela va bien, la justice est contente.
Çà, ne signez-vous pas, monsieur?

CHICANNEAU

Oui-da, gaîment,
A tout ce qu'elle a dit je signe aveuglément.

LÉANDRE, *à Isabelle.*

Tout va bien. A mes vœux le succès[3] est conforme :
500 Il signe un bon contrat écrit en bonne[4] forme,
Et sera condamné tantôt sur son écrit.

CHICANNEAU

Que lui dit-il? Il est charmé de son esprit.

LÉANDRE

Adieu. Soyez toujours aussi sage que belle :

---

1. Si les circonstances l'exigent. Nous disons aujourd'hui *à l'occasion*; 2. Soyez persuadé; c'est le pronominal au sens passif : soyez assuré; 3. *Succès* : issue; 4. *Bon* et *bonne* ont ici le sens de valable, auquel on ne peut rien reprendre.

──────── QUESTIONS ────────

● Vers 471-498. Relevez, dans le rôle de Léandre et dans celui d'Isabelle, toutes les paroles à double entente qui révèlent leur accord. Montrez que la délicatesse de leurs sentiments réciproques transparaît à travers leurs répliques : quelles ont été les craintes de Léandre? Comment Isabelle le rassure-t-elle? — Pourquoi l'Intimé intervient-il (vers 493)? Que redoute-t-il si le dialogue entre Léandre et Isabelle se prolonge? — Les interventions de Chicanneau (vers 480-489, 490, 497-498) : comment ses sentiments évoluent-ils à mesure qu'il entend parler sa fille? Est-ce vraiment de tendresse paternelle qu'il fait preuve?

Tout ira bien. Huissier, ramenez-la chez elle.
505 Et vous, monsieur, marchez.

CHICANNEAU

Où, monsieur?

LÉANDRE

Suivez-moi.

CHICANNEAU

Où donc?

LÉANDRE

Vous le saurez. Marchez, de par le Roi[1].

CHICANNEAU

Comment?

SCÈNE VII. — PETIT JEAN, LÉANDRE, CHICANNEAU.

PETIT JEAN

Holà! quelqu'un n'a-t-il point vu mon maître?
Quel chemin a-t-il pris? la porte ou la fenêtre?

---

1. On disait primitivement *de part le roi* au sens de « de la part du roi »; mais on usait aussi de la formule *par le roi*, dans les ordonnances; la confusion de ces deux formules a produit : *de par le roi*.

--- **QUESTIONS** ---

● VERS 499-505. Le spectateur, qui était depuis le début de la scène de connivence avec Léandre, l'Intimé et Isabelle, n'est-il pas à son tour un peu surpris? Avait-il jamais été question entre Léandre et l'Intimé de faire signer un contrat de mariage à Chicanneau? Comment les deux compères ont-ils profité des circonstances?

● VERS 505-507. Quel est le sentiment de Chicanneau en se voyant emmener? Peut-il soupçonner qu'il vient d'être dupé?

■ SUR L'ENSEMBLE DE LA SCÈNE VI. — Sur quelle situation comique est fondée cette scène? Analysez l'état d'esprit du spectateur en face d'une scène de ce genre.

— Pourquoi Chicanneau, si soupçonneux à la scène IV, encore méfiant à la scène V, se laisse-t-il duper maintenant si complètement? Qui contribue le plus à le tromper? Léandre, l'Intimé ou Isabelle?

— La Harpe contestait la vraisemblance du moyen employé par Léandre pour extorquer la signature de Chicanneau : montrez que, à condition d'admettre la déformation des caractères propre à la comédie, la confiance aveugle de Chicanneau peut fort bien s'expliquer ici.

— L'utilité de cette scène pour l'action : peut-il y avoir maintenant de nouveaux rebondissements dans l'intrigue amoureuse entre Léandre et Isabelle? Montrez que, de ce côté, le dénouement est prêt : en quel sens l'action doit-elle repartir?

LÉANDRE

A l'autre[1]!

PETIT JEAN

Je ne sais qu'est devenu son fils;
510 Et pour le père, il est où le diable l'a mis.
Il me redemandait sans cesse ses épices[2],
Et j'ai tout bonnement[3] couru dans les offices[4]
Chercher la boîte au poivre; et lui, pendant cela,
Est disparu.

SCÈNE VIII. — DANDIN, LÉANDRE, CHICANNEAU,
L'INTIMÉ, PETIT JEAN.

DANDIN, *apparaissant à une lucarne du toit.*

Paix! paix! que l'on se taise là.

LÉANDRE

515 Hé! grand Dieu!

PETIT JEAN

Le voilà, ma foi, dans les gouttières[5].

DANDIN

Quelles gens êtes-vous? Quelles sont vos affaires?

---

1. Voir le vers 271 et la note; 2. Les *épices* désignaient d'abord des confitures et des dragées, dont on faisait don aux juges, le procès terminé; mais ce présent spontané devint bientôt une rétribution obligatoire et payable en argent avant le jugement du procès; les juges, suivant le mot de Pasquier, préférant les « deniers » aux « dragées », cet usage continuera jusqu'à la Révolution. Rousseau s'écriera : « Solliciter un juge! [...] il suffit d'être honnête homme pour n'en rien faire, car enfin, quelque tour qu'on donne à la chose, ou celui qui sollicite un juge l'exhorte à remplir son devoir, et alors il lui fait une insulte, ou il lui propose une acception de personnes, et alors il veut le séduire » *(Lettre à d'Alembert).* Il faut noter, cependant, qu'interdiction était faite aux juges de prendre des épices dans les affaires sommaires; 3. Naïvement; 4. Le mot s'emploie plutôt au singulier quand il désigne la pièce où l'on tient ce qui est utilisé pour le service de la table; 5. Aristophane, *les Guêpes* (vers 126-127) : « Mais il s'échappait par les conduites d'eau et les lucarnes. »

■ QUESTIONS

■ Sur la scène VII. — Cette scène vous paraît-elle logiquement reliée à la précédente? Montrez que l'irruption de Petit Jean apporte avec elle un rythme et un genre de comique différents de ceux des scènes précédentes : cette alternance ne s'était-elle déjà pas produite au premier acte? — Pourquoi Petit Jean ne reconnaît-il pas Léandre (vers 509)?

Qui sont ces gens de robe? Êtes-vous avocats?
Çà, parlez.

PETIT JEAN

Vous verrez qu'il va juger les chats.

DANDIN

Avez-vous eu le soin de voir mon secrétaire?
520 Allez lui demander si je sais[1] votre affaire.

LÉANDRE

Il faut bien que je l'aille arracher de ces lieux.
Sur votre prisonnier, huissier, ayez les yeux.

PETIT JEAN

Ho! ho! Monsieur!

LÉANDRE

Tais-toi, sur les yeux de ta tête[2],
Et suis-moi.

SCÈNE IX. — DANDIN, *apparaissant sur le toit de sa maison,*
CHICANNEAU, LA COMTESSE, L'INTIMÉ.

DANDIN

Dépêchez; donnez votre requête.

CHICANNEAU

525 Monsieur, sans votre aveu[3], l'on me fait prisonnier.

LA COMTESSE

Hé, mon Dieu! j'aperçois Monsieur dans son grenier.
Que fait-il là?

---

1. Si j'ai été mis au courant de; 2. Ou je t'arrache les yeux; 3. *Aveu :* consentement.

────── QUESTIONS ──────

■ SUR LA SCÈNE VIII. — Comparez cette deuxième apparition de Dandin
à la première (acte premier, scène III). Les précautions prises (vers 112-
113) ont-elles été efficaces?

— Montrez que les effets de farce n'empêchent pas cette scène de
contenir une image vraie de la folie obsessionnelle du juge. Quels automatismes se déclenchent en lui dès qu'il voit du monde assemblé devant
sa demeure?

— Est-ce seulement pour porter aide à son père que Léandre est
pressé de disparaître?

L'INTIMÉ

Madame, il y donne audience[1].
Le champ vous est ouvert.

CHICANNEAU

On me fait violence,
Monsieur, on m'injurie; et je venais ici
530 Me plaindre à vous.

LA COMTESSE

Monsieur, je viens me plaindre aussi.

CHICANNEAU ET LA COMTESSE

Vous voyez devant vous mon adverse partie[2].

L'INTIMÉ

Parbleu! je me veux mettre aussi de la partie.

CHICANNEAU, L'INTIMÉ ET LA COMTESSE

Monsieur, je viens ici pour un petit exploit[3].

CHICANNEAU

Hé, messieurs, tour à tour exposons notre droit.

LA COMTESSE

535 Son droit? Tout ce qu'il dit sont[4] autant d'impostures.

DANDIN

Qu'est-ce qu'on vous a fait?

CHICANNEAU, L'INTIMÉ ET LA COMTESSE

On m'a dit des injures.

L'INTIMÉ, *continuant*.

Outre un soufflet, monsieur, que j'ai reçu plus[5] qu'eux.

CHICANNEAU

Monsieur, je suis cousin de l'un de vos neveux.

---

1. Tallemant raconte qu'un conseiller au Parlement de Paris, nommé de Portail, « fort homme de bien, mais fort visionnaire », avait fait de son grenier son cabinet et « ne parlait aux gens que par la fenêtre de son grenier ». Il donnait ainsi ses audiences; 2. Mon adversaire dans le procès. Ce mot *partie* rime avec lui-même au vers suivant; ce procédé n'est pas admis dans la haute poésie, mais c'est un procédé de la poésie burlesque, quand il s'agit, comme ici, de jouer sur deux sens du même mot. Voir des exemples du même genre vers 779-780 et 787-788; 3. Voir vers 154 et la note; 4. Le verbe est au pluriel par syllepse; 5. Nous dirions *de plus*.

LA COMTESSE

Monsieur, père Cordon[1] vous dira mon affaire.

L'INTIMÉ

540 Monsieur, je suis bâtard de votre apothicaire[2].

DANDIN

Vos qualités?

LA COMTESSE

Je suis comtesse.

L'INTIMÉ

Huissier.

CHICANNEAU

Bourgeois.

Messieurs...

DANDIN

Parlez toujours : je vous entends tous trois.

CHICANNEAU

Monsieur...

L'INTIMÉ

Bon! le voilà qui fausse compagnie.

LA COMTESSE

Hélas!

CHICANNEAU

Hé quoi! déjà l'audience est finie?
545 Je n'ai pas eu le temps de lui dire deux mots.

---

1. Le nom a une valeur humoristique; le *cordon* était la ceinture ou la corde-lette dont étaient ceints certains religieux; par extension, ordre religieux. On disait « être du cordon de saint François »; 2. Chacun des plaideurs invoque un titre à la bienveillance du juge. Déjà dans *le Roman bourgeois*, Furetière avait écrit : « Collantine, en continuant dans le style ordinaire des plaideurs, qui vont rechercher des habitudes auprès des juges dans une longue suite de générations et jusqu'au dixième degré de parenté et d'alliance, demanda à Charroselles s'il ne lui pourroit point donner quelques adresses pour avoir de l'accès auprès de quelques autres conseillers [...]. Il lui dit : « [...] Ma belle-sœur a tenu un enfant du fils aîné de celui-là, chez lequel elle est cuisinière; je puis lui faire tenir un placet par cette voie [....]. Pour celui-là, c'est un homme fort dévôt, si vous connaissez quelqu'un aux carmes déchaussés, votre affaire est dans le sac; car on m'a dit qu'il y a un des pères de ce couvent qui en fait tout ce qu'il veut. »

Scène X. — CHICANNEAU, LÉANDRE, *sans robe*, LA COMTESSE, L'INTIMÉ.

LÉANDRE

Messieurs, voulez-vous bien nous laisser en repos?

CHICANNEAU

Monsieur, peut-on entrer?

LÉANDRE

Non, monsieur, ou je meure[1]!

CHICANNEAU

Hé, pourquoi? J'aurai fait[2] en une petite heure,
En deux heures au plus.

LÉANDRE

On n'entre point, monsieur.

LA COMTESSE

550 C'est bien fait de fermer la porte à ce crieur.
Mais moi...

LÉANDRE

L'on n'entre point, madame, je vous jure.

LA COMTESSE

Ho! monsieur, j'entrerai.

LÉANDRE

Peut-être.

LA COMTESSE

J'en suis sûre.

_____

1. Que je meure! (forme de serment); 2. J'aurai accompli ce que je veux faire; j'aurai fini.

─── ■ QUESTIONS ───

■ Sur la scène IX. — Faut-il chercher un motif vraisemblable à la réapparition de la Comtesse? En quoi sa présence est-elle surtout utile?

— Le caractère comique de cette scène : attache-t-on tellement d'importance à la satire des mœurs procédurières et, d'une façon générale, aux paroles qui se prononcent? Montrez qu'il s'agit de comique pur; imaginez les jeux de scène, l'attitude et les gestes de chacun des personnages. Étudiez le rythme, la symétrie des répliques; comprend-on, si on envisage la scène sous cette perspective, pourquoi l'Intimé entre dans le jeu et fait chorus avec les autres? Quelle impression dominante laisse cette scène?

LÉANDRE

Par la fenêtre donc?

LA COMTESSE

Par la porte.

LÉANDRE

Il faut voir.

CHICANNEAU

Quand je devrais ici demeurer jusqu'au soir.

SCÈNE XI. — PETIT JEAN, LÉANDRE,
CHICANNEAU, LA COMTESSE, L'INTIMÉ,
puis DANDIN.

PETIT JEAN, *à Léandre.*

555 On ne l'entendra pas, quelque chose qu'il fasse.
Parbleu! je l'ai fourré dans notre salle basse[1],
Tout auprès de la cave.

LÉANDRE

En un mot comme en cent,
On ne voit point mon père.

CHICANNEAU

Hé bien donc! Si pourtant[2]
Sur toute cette affaire il faut que je le voie.
(Dandin paraît par le soupirail.)
560 Mais que vois-je? Ah! c'est lui que le ciel nous renvoie!

LÉANDRE

Quoi? par le soupirail!

PETIT JEAN

Il a le diable au corps.

_____

1. La *salle basse* était ordinairement la pièce du rez-de-chaussée où l'on recevait les visites. La proximité de la cave et l'apparition prochaine de Dandin par le soupirail laissent entendre qu'il s'agit ici d'une pièce plus retirée, sans doute le cellier; 2. Voir le vers 197 et la note.

──── ■ QUESTIONS ────

■ SUR LA SCÈNE X. — Le rythme de cette scène comparé à celui de la scène précédente : la disparition de Dandin et l'apparition de Léandre ont-elles calmé les plaideurs? Lequel des deux est le plus véhément?
● VERS 555-560. Quel effet produit la réapparition de Dandin après la scène précédente, où l'impatience de Chicanneau et de la Comtesse se heurtait à la résistance de Léandre?

PERRIN DANDIN PARAIT PAR LE SOUPIRAIL

Gravure d'une édition des *Plaideurs* (1760).

CHICANNEAU

Monsieur...

DANDIN

L'impertinent[1]! Sans lui j'étais dehors.

CHICANNEAU

Monsieur...

DANDIN

Retirez-vous, vous êtes une bête.

CHICANNEAU

Monsieur, voulez-vous bien...

DANDIN

Vous me rompez la tête.

CHICANNEAU

565 Monsieur, j'ai commandé...

DANDIN

Taisez-vous, vous dit-on.

CHICANNEAU

Que l'on portât chez vous...

DANDIN

Qu'on le mène en prison.

CHICANNEAU

Certain quartaut[2] de vin.

DANDIN

Hé! je n'en ai que faire.

CHICANNEAU

C'est de très bon muscat.

---

1. *Impertinent* : importun, maladroit (se dit, en général, de celui qui agit d'une manière peu conforme à la situation, aux usages, à la politesse, etc.); 2. *Quartaut* désigne, à l'origine, un petit fût de la contenance d'un quart de muid, environ 70 litres.

─────── ● QUESTIONS ───────

● Vers 561-568. Les jeux de scène : que se passe-t-il aux vers 562 et 563? Comment le rythme du dialogue s'accélère-t-il? — Chicanneau solliciteur : à quoi voit-on qu'il est habitué à ce genre de démarche? La vérité humaine du personnage : à quelles qualités doit-il de se faire enfin écouter? — Les réactions de Dandin : quel effet produit, après les injures des vers 562-563 et la colère du vers 565, le retour aux automatismes de la profession (vers 566 et 567)? — Le comique du vers 568 : montrez qu'il n'est qu'une variation sur un effet traditionnel (par exemple, vers 242-243 entre l'Intimé et Isabelle). En comparant à l'extrait du *Déjeuner d'un procureur*, cité en note, montrez comment Racine renouvelle la plaisanterie.

DANDIN

Redites votre affaire[1].

LÉANDRE, *à l'Intimé.*

Il faut les entourer ici de tous côtés.

LA COMTESSE

570 Monsieur, il va vous dire autant de faussetés.

CHICANNEAU

Monsieur, je vous dis vrai.

DANDIN

Mon Dieu, laissez-la dire!

LA COMTESSE

Monsieur, écoutez-moi.

DANDIN

Souffrez que je respire.

CHICANNEAU

Monsieur...

DANDIN

Vous m'étranglez.

LA COMTESSE

Tournez les yeux vers moi.

DANDIN

Elle m'étrangle... Ay! ay!

CHICANNEAU

Vous m'entraînez, ma foi!

575 Prenez garde, je tombe.

---

1. Trait comique peut-être inspiré du *Déjeuner d'un procureur*, satire de Furetière (1664), où un plaideur raconte sa visite au procureur :

Tandis qu'assis au feu près de son pot qui cuit,
Rongeant pour déjeuner en sa main une croûte,
Sans bouger, sans mot dire il me voit, il m'écoute,
Puis, détournant les yeux et fronçant le sourcil :
« Vous m'importunez bien, mon ami, me dit-il; [...]
— Excusez, dis-je alors, monsieur, je ne vous presse
Qu'après m'avoir donné votre parole expresse.
J'aurais plus attendu; mais souffrez qu'à présent
D'un levraut que j'ai pris je vous fasse présent. » [...]
A ces mots, il se lève, il m'ôte son bonnet...
« J'ai mis tout en état; votre instance est instruite. »

PETIT JEAN

Ils sont, sur ma parole,

L'un et l'autre encavés.

LÉANDRE

Vite, que l'on y vole.

Courez à leur secours. Mais au moins je prétends
Que monsieur Chicanneau, puisqu'il est là-dedans,
N'en sorte d'aujourd'hui. L'Intimé, prends-y garde.

L'INTIMÉ

580 Gardez le soupirail.

LÉANDRE

Va vite, je le garde.

SCÈNE XII. — LA COMTESSE, LÉANDRE.

LA COMTESSE

Misérable! il s'en va lui prévenir l'esprit[1].
        (Par le soupirail.)
Monsieur, ne croyez rien de tout ce qu'il vous dit;
Il n'a point de témoins : c'est un menteur.

---

1. Faire naître dans son esprit des *préventions*, des préjugés défavorables.

■ QUESTIONS

● VERS 569-576. La Comtesse utilise-t-elle les mêmes moyens que Chicanneau pour se faire entendre? Pouvait-on s'attendre à cette violence de sa part, quand on a vu son énervement à la scène x? Pourquoi l'attitude de Chicanneau a-t-elle encore accru son exaspération? — Le comique de farce aux vers 575-576 : comment imaginez-vous le jeu de · scène?

● VERS 576-580. Comparez cette fin de scène à la fin de la scène VIII (vers 521-523). Pourquoi la précaution prise aux vers 578-579? Montrez qu'un tel détail permet de ne pas perdre de vue l'autre élément de l'intrigue (le mariage de Léandre).

■ SUR L'ENSEMBLE DE LA SCÈNE XI. — Comparez cette scène à la scène IX : comment Racine fait-il des variations sur le même thème?

— La structure de cette scène : comment Chicanneau et la Comtesse s'y partagent-ils les rôles? L'effet de symétrie qui en résulte.

— Le comique de farce ne s'unit-il pas ici au comique de caractère? Qui prend l'avantage dans la querelle ouverte entre Chicanneau et la Comtesse à l'acte premier? Pourquoi?

— La satire des gens de justice : quels automatismes, subsistant chez Dandin en pleine crise de démence, révèlent les habitudes de sa profession?

LÉANDRE

Madame,
Que leur contez-vous là? Peut-être ils rendent l'âme.

LA COMTESSE

585 Il lui fera, monsieur, croire ce qu'il voudra.
Souffrez que j'entre.

LÉANDRE

Oh non! personne n'entrera.

LA COMTESSE

Je le vois bien, monsieur, le vin muscat opère
Aussi bien sur le fils que sur l'esprit du père.
Patience, je vais protester comme il faut[1]
590 Contre monsieur le juge et contre le quartaut.

LÉANDRE

Allez donc, et cessez de nous rompre la tête.
Que de fous! Je ne fus jamais à telle fête[2].

Scène XIII. — DANDIN, L'INTIMÉ, LÉANDRE.

L'INTIMÉ

Monsieur, où courez-vous? C'est vous mettre en danger;
Et vous boitez tout bas[3].

DANDIN

Je veux aller juger.

_____

1. Rédiger une protestation en forme; 2. Expression familière pour désigner des circonstances qui ne sont pas habituelles; s'emploie généralement en bonne part; 3. D'une manière accentuée.

───────── QUESTIONS ─────────

■ Sur la scène xii. — Comparez cette scène à la scène x; montrez qu'elle constitue aussi une transition entre deux apparitions fracassantes de Dandin. Cette transition est-elle artificielle? En quoi l'entêtement de la Comtesse justifie-t-il ce nouvel affrontement avec Léandre?

— Le goût de la chicane a-t-il tout à fait la même forme chez la Comtesse que chez Chicanneau? Montrez que la Comtesse reste plus respectueuse des principes du droit : en est-elle plus sympathique pour cela? L'utilité du vers 592 : comment fait-il écho aux impressions du spectateur?

LÉANDRE

595 Comment! mon père! Allons, permettez qu'on vous panse.
Vite, un chirurgien.

DANDIN

Qu'il vienne à l'audience.

LÉANDRE

Hé! mon père! arrêtez...

DANDIN

Ho! je vois ce que c'est :
Tu prétends faire ici de moi ce qui te plaît;
Tu ne gardes pour moi respect ni complaisance[1] :
600 Je ne puis prononcer une seule sentence.
Achève, prends ce sac, prends vite[2].

LÉANDRE

Hé! doucement,
Mon père. Il faut trouver quelque accommodement.
Si pour vous, sans juger, la vie est un supplice,
Si vous êtes pressé de rendre la justice,
605 Il ne faut point sortir pour cela de chez vous :
Exercez le talent, et jugez parmi nous[3].

DANDIN

Ne raillons point ici de la magistrature :
Vois-tu? je ne veux point être un juge en peinture[4].

---

1. *Complaisance :* souci de plaire; 2. Nouvelle parodie du *Cid* (vers 227) : « Achève,
et prends ma vie »; 3. Bdélycléon dit de même à son père : « Puisque c'est pour toi
le seul bonheur, ce n'est pas la peine de te déranger pour te rendre au tribunal.
Reste ici, et rends la justice aux gens de la maison » (*les Guêpes*, vers 783-785);
4. En apparence.

─────── **QUESTIONS** ───────

● Vers 593-596. Quel effet produit cette troisième apparition de Dandin? Le spectateur partage-t-il la pitié sincère qu'expriment l'Intimé et surtout Léandre? Montrez que l'« héroïsme » de Dandin est ce qui le rend ridicule.

● Vers 597-608. Comparez ce passage aux vers 76-110. Ne revient-on pas à la situation de départ? Est-il normal que Dandin soit toujours obsédé par la même idée fixe? En quoi les incidents provoqués par la Comtesse et Chicanneau ont-ils pu renforcer encore chez lui le désir de juger?

LÉANDRE

Vous serez, au contraire, un juge sans appel[1],
610 Et juge du civil comme du criminel.
Vous pourrez tous les jours tenir deux audiences :
Tout vous sera chez vous matière de sentences.
Un valet manque-t-il de rendre un verre net,
Condamnez-le[2] à l'amende, ou, s'il le casse, au fouet.

DANDIN

615 C'est quelque chose. Encor passe quand on raisonne.
Et mes vacations[3], qui les paiera? Personne[4]?

LÉANDRE

Leurs gages vous tiendront lieu de nantissement[5].

DANDIN

Il parle, ce me semble, assez pertinemment.

LÉANDRE

Contre un de vos voisins...

_____

1. Dont la décision ne pourra faire l'objet d'une révision devant un tribunal d'appel; une telle perspective ne peut que flatter Dandin; 2. Il faut élider *le* à la lecture; 3. *Vacations :* séances consacrées par les magistrats à une affaire; puis, honoraires dus aux magistrats; 4. Aristophane, *les Guêpes,* vers 784-785 : « Soit, tu me persuades. Mais il y a un point dont tu ne me parles toujours pas : mon salaire, qui me le paiera? »; 5. Les gages, remis au créancier, garantiront le paiement de la dette.

─────■ QUESTIONS ─────

● Vers 609-619. La solution proposée par Léandre : rapprochez cette partie de la scène du texte des *Guêpes,* vers 760-785 (voir la Documentation thématique). Comment Racine a-t-il adapté son modèle? En quoi la décision de Léandre peut-elle apparaître comme vraisemblable après tous les scandales commis par Dandin?

■ Sur l'ensemble de la scène XIII. — Montrez que cette scène marque un tournant dans l'action et prépare une nouvelle situation.

— Est-il vraisemblable, sur le plan psychologique, que Dandin se laisse convaincre si facilement par son fils?

— Quels traits de satire contre les juges reparaissent dans cette scène?

Scène XIV. — DANDIN, LÉANDRE, L'INTIMÉ, PETIT JEAN.

PETIT JEAN

Arrête! arrête! attrape!

LÉANDRE

620 Ah! c'est mon prisonnier, sans doute, qui s'échappe[1]!

L'INTIMÉ

Non, non, ne craignez rien.

PETIT JEAN

Tout est perdu... Citron[2]...
Votre chien... vient là-bas de manger un chapon.
Rien n'est sûr devant lui : ce qu'il trouve, il l'emporte.

LÉANDRE

Bon! voilà pour mon père une cause. Main-forte!
625 Qu'on se mette après lui. Courez tous.

DANDIN

Point de bruit,
Tout doux. Un amené sans scandale[3] suffit.

---

1. Il pense à Chicanneau; 2. Nom de chien assez commun. Dans *les Guêpes*, un esclave accourt pareillement et annonce : « Voilà-t-il pas que Labès, le chien, a passé d'un bond dans la cuisine et y a dérobé un fromage frais de Sicile!... » A quoi Bdélycléon répond : « Bon! voilà le premier délit qu'il me faut porter devant mon père » (vers 836-840); 3. *Amené sans scandale* : ordre d'amener un homme devant le juge, sans bruit, sans lui faire d'affront (ancienne expression juridique).

● **QUESTIONS** ●

● Vers 619-625. Dans quel univers est-on transporté dès qu'apparaît Petit Jean? Cette histoire de chien et de poulet volé s'intègre-t-elle bien au climat qui règne dans la pièce dans la seconde moitié de ce deuxième acte? — Comparez cette scène au texte des *Guêpes* (vers 836-843), cité dans la Documentation thématique. Dans quel sens Racine a-t-il modifié le texte d'Aristophane? — Utilité du vers 620 : rapprochez-le des vers 578-579.

LÉANDRE

Çà, mon père, il faut faire un exemple authentique[1];
Jugez sévèrement ce voleur domestique.

DANDIN

Mais je veux faire au moins la chose avec éclat[2].
630 Il faut de part et d'autre avoir un avocat.
Nous n'en avons pas un.

LÉANDRE

           Hé bien! il en faut faire.
Voilà votre portier et votre secrétaire.
Vous en ferez, je crois, d'excellents avocats;
Ils sont fort ignorants.

L'INTIMÉ

           Non pas, monsieur, non pas.
635 J'endormirai Monsieur tout aussi bien qu'un autre.

PETIT JEAN

Pour moi, je ne sais rien; n'attendez rien du nôtre[3].

LÉANDRE

C'est ta première cause, et l'on te la fera.

PETIT JEAN

Mais je ne sais pas lire.

LÉANDRE

           Hé! l'on te soufflera.

DANDIN

Allons nous préparer. Çà, messieurs, point d'intrigue.
640 Fermons l'œil aux présents, et l'oreille à la brigue.
Vous, maître Petit Jean, serez le demandeur[4];

---

1. *Authentique* : fait selon les formes. Le mot a, ici, son sens juridique; **2.** *Avec éclat* : avec cérémonie; **3.** De notre part; **4.** Celui qui intente une action, par opposition au *défendeur*.

Vous, maître l'Intimé, soyez le défendeur[1].

_____

1. Celui qui se défend contre l'accusation.

─────── **QUESTIONS** ───────

● Vers 625-642. Comment se développe le projet prévu par Léandre à la scène précédente? — La satire des avocats : avait-il déjà été question d'eux dans les railleries adressées aux gens de justice?

■ Sur l'ensemble de la scène XIV. — L'utilité de cette scène pour l'action; comment Racine imite-t-il ici Aristophane?

— L'édition de 1669 porte après le vers 638 le groupe de vers suivant que Racine a supprimé par la suite :

PETIT JEAN

Je vous entends, oui; mais d'une première cause,
Monsieur, à l'avocat revient-il quelque chose?

LÉANDRE

Ah fi! Garde-toi bien d'en vouloir rien toucher,
C'est la cause d'honneur, on l'achète bien cher.
On sème des billets par toute la famille;
Et le petit garçon et la petite fille,
Oncle, tante, cousin, tout vient, jusques au chat,
Dormir au plaidoyer de Monsieur l'avocat.

DANDIN

[Allons nous préparer...]

On a prétendu que ces vers pouvaient viser Subligny, partisan de Corneille, auteur de *la Folle Querelle*, pièce hostile à Racine. En ce cas, comment les vers pouvaient-ils être interprétés par les contemporains de Racine? Quelles raisons le poète a-t-il pu avoir de supprimer ces vers?

■ Sur l'ensemble de l'acte II. — Étudiez la composition de cet acte : montrez qu'il est composé de deux groupes de scènes (scène première à VI et VII à XIV), qui, par leur mouvement, leurs effets comiques, leurs situations, sont différents. Ce passage du comique de farce (le père abusif dupé) à la bouffonnerie pure (les excentricités de Dandin) nuit-il à l'unité de l'acte? Étudiez en particulier le rôle de Léandre : en quoi peut-il être comparé au meneur de jeu?

— Comparez cet acte au premier acte : comment les problèmes posés (la folie de Dandin et les projets amoureux de Léandre) trouvent-ils ici une solution? Quel rôle le personnage de Chicanneau joue-t-il entre ces deux mouvements de l'intrigue?

— Le plan imaginé par Léandre et l'Intimé aux vers 160-164 s'est-il réalisé selon leurs prévisions? Quelles complications imprévues se sont présentées? Montrez, par l'étude des scènes première à VI de l'acte II, comment Racine a créé des péripéties qui renouvellent sans cesse l'intérêt. Le résultat obtenu est-il celui qu'on attendait?

— Étudiez le rythme des scènes VII à XIV : leur rapidité, l'alternance des scènes de mouvement et des scènes moins tumultueuses.

— La satire de la justice : quelles habitudes de la vie judiciaire, quelles catégories de gens de justice sont raillées?

ACTE III

CHICANNEAU

Oui, monsieur, c'est ainsi qu'ils ont conduit l'affaire.
L'huissier m'est inconnu, comme le commissaire.
645 Je ne mens pas d'un mot.

LÉANDRE

    Oui, je crois tout cela;
Mais, si vous m'en croyez, vous les laisserez là.
En vain vous prétendez les pousser[1] l'un et l'autre,
Vous troublerez bien moins leur repos que le vôtre.
Les trois quarts de vos biens sont déjà dépensés
650 A faire enfler des sacs[2] l'un sur l'autre entassés
Et dans une poursuite à vous-même contraire[3]...

CHICANNEAU

Vraiment vous me donnez un conseil salutaire;
Et devant qu'il soit peu[4] je veux en profiter :
Mais je vous prie au moins de bien solliciter[5].

---

1. *Pousser :* poursuivre; 2. Voir page 29, note 1; 3. *Var. :*

 (Et dans une poursuite à vous-même) funeste,
 Vous en voulez encore absorber tout le reste.
 Ne vaudrait-il pas mieux, sans soucis, sans chagrins,
 Et de vos revenus régalant vos voisins,
 Vivre en père jaloux du bien de sa famille
 Pour en laisser un jour le fonds à votre fille,
 Que de nourrir un tas d'officiers affamés
 Qui moissonnent les champs que vous avez semés,
 Dont la main toujours pleine, et toujours indigente,
 S'engraisse impunément de vos chapons de rente?
 Le beau plaisir d'aller, tout mourant de sommeil,
 A la porte d'un juge attendre son réveil,
 Et d'essuyer le vent qui vous souffle aux oreilles,
 Tandis que Monsieur dort, et cuve vos bouteilles!
 Ou bien, si vous entrez, de passer tout un jour
 A compter, en grondant, les carreaux de sa cour!
 Hé! monsieur, croyez-moi, quittez cette misère.

    CHICANNEAU
 (Vraiment, vous me donnez...) [1669].

4. Avant peu de temps; 5. *Solliciter.* Il s'agit encore une fois de l'intervention auprès
du juge pour essayer de gagner une cause.

655 Puisque monsieur Dandin va donner audience,
Je vais faire venir ma fille en diligence[1].
On peut l'interroger, elle est de bonne foi :
Et même elle saura mieux répondre que moi.

LÉANDRE

Allez et revenez, l'on vous fera justice.

LE SOUFFLEUR

660 Quel homme !

SCÈNE II. — LÉANDRE, LE SOUFFLEUR.

LÉANDRE

Je me sers d'un étrange artifice;
Mais mon père est un homme à se désespérer;
Et d'une cause en l'air[2] il le faut bien leurrer[3].
D'ailleurs j'ai mon dessein, et je veux qu'il condamne
Ce fou qui réduit tout au pied de[4] la chicane.
665 Mais voici tous nos gens qui marchent sur nos pas.

---

1. *En diligence* : en hâte; 2. Sans fondement; 3. *Leurrer* : tromper (terme de fauconnerie); le *leurre* était un morceau de cuir rouge, en forme d'oiseau, dont on se servait pour rappeler le faucon; 4. A la mesure de, le *pied* étant une des mesures usuelles de longueur.

--------- QUESTIONS ---------

■ SUR LA SCÈNE PREMIÈRE. — Quelle partie de l'intrigue est ici ramenée au premier plan? Pourquoi Racine ne peut-il permettre qu'on perde de vue les démêlés de Chicanneau avec le faux huissier et le faux commissaire? En vous reportant à l'acte précédent et plus précisément aux vers 505-507, 578-579, 620-621, rappelez les mésaventures de Chicanneau et la part qu'a prise Léandre à ces mésaventures. Quel comique de situation en résulte maintenant?

— Pourquoi Racine a-t-il supprimé la partie de réplique citée note 3, page 93. Est-ce seulement, comme pensait La Harpe, parce que ces vers, écrits dans le ton de la grande comédie, « formaient une disparate trop forte avec la scène qui va suivre »? N'est-ce pas aussi parce que ces conseils pouvaient paraître dictés à Léandre par un sentiment intéressé?

— Chicanneau est-il convaincu par les arguments raisonnables de Léandre? L'importance du vers 654.

■ SUR LA SCÈNE II. — Utilité technique de cette scène.

Scène III. — DANDIN, LÉANDRE, L'INTIMÉ,
PETIT JEAN, LE SOUFFLEUR.

DANDIN

Çà, qu'êtes-vous ici?

LÉANDRE

Ce sont les avocats.

DANDIN

Vous?

LE SOUFFLEUR

Je viens secourir leur mémoire troublée[1].

DANDIN

Je vous entends[2]. Et vous?

LÉANDRE

Moi? Je suis l'assemblée.

DANDIN

Commencez donc.

LE SOUFFLEUR

Messieurs...

PETIT JEAN

Ho! prenez-le plus bas :
670 Si vous soufflez si haut, l'on ne m'entendra pas.
Messieurs...

DANDIN

Couvrez-vous[3].

PETIT JEAN

Oh! Mes...

DANDIN

Couvrez-vous, vous dis-je.

PETIT JEAN

Oh! monsieur! je sais bien à quoi l'honneur m'oblige.

1. *Le Roman bourgeois* de Furetière parle d'un prévôt, Belastre, qui, étant très
ignorant, se fait assister d'un avocat, lequel « lui soufflait mot à mot tout ce qu'il
aurait à prononcer »; 2. *Entendre :* comprendre; 3. Il était d'usage que les avocats
gardent leur bonnet pour plaider.

DANDIN

Ne te couvre donc pas.

PETIT JEAN, *se couvrant.*

Messieurs... Vous, doucement;
Ce que je sais le mieux, c'est mon commencement.
675 Messieurs, quand je regarde avec exactitude[1]
L'inconstance du monde et sa vicissitude[2];
Lorsque je vois, parmi tant d'hommes différents,
Pas une étoile fixe, et tant d'astres errants;
Quand je vois les Césars, quand je vois leur fortune,
680 Quand je vois le soleil, et quand je vois la lune;

(Babyloniens[3].)

Quand je vois les États des Babiboniens

(Persans.)   (Macédoniens.)

Transférés des Serpans aux Nacédoniens;

(Romains.)   (Despotique.)

Quand je vois les Lorrains, de l'état dépotique,

(Démocratique.)

Passer au démocrite, et puis au monarchique;
685 Quand je vois le Japon[4]...

L'INTIMÉ

Quand aura-t-il tout vu?

PETIT JEAN

Oh! pourquoi celui-là m'a-t-il interrompu?
Je ne dirai plus rien.

---

1. Le mot était encore assez neuf, puisque Vaugelas déclare l'avoir vu naître « comme un monstre, contre qui tout le monde s'écriait »; 2. *Vicissitude :* instabilité; *vicissitude* fait pléonasme avec *inconstance ;* 3. Notes écrites par Racine entre les lignes, dans les anciennes éditions; 4. Il y aurait là une parodie de l'exorde d'un plaidoyer du fameux Gaultier, dit « Gaultier la Gueule », qui commençait ainsi : « Quand je vois dans cette cause le concours de tant de puissances qui, dans leur appareil pompeux et magnifique, semblent disputer à l'envi pour la victoire; quand je considère ce partage de brigues et de faveurs... »

━━━━━ **QUESTIONS** ━━━━━

●VERS 666-674. L'utilité de cette mise en place : montrez que commence une comédie dans la comédie. Pourquoi Petit Jean refuse-t-il d'abord de se couvrir (vers 672)? De quel effet comique Racine joue-t-il en nous montrant certains participants (Dandin) croire à leur rôle tandis que d'autres (Petit Jean) n'entrent pas parfaitement dans la peau de leur personnage? — Le personnage du souffleur : d'après la note 1 de la page 95, sa présence peut-elle se justifier dans un procès? Le spectateur accorde-t-il toutefois une telle signification à un personnage qui est, à ses yeux, lié à une représentation théâtrale?

DANDIN

Avocat incommode[1],
Que ne lui laissiez-vous finir sa période?
Je suais sang et eau pour voir si du Japon
690 Il viendrait à bon port au fait de son chapon;
Et vous l'interrompez par un discours frivole[2].
Parlez donc, avocat.

PETIT JEAN

J'ai perdu la parole.

LÉANDRE

Achève, Petit Jean : c'est fort bien débuté.
Mais que font là tes bras pendants à ton côté?
695 Te voilà sur tes pieds droit comme une statue.
Dégourdis-toi. Courage! allons, qu'on s'évertue[3].

PETIT JEAN, *remuant les bras.*

Quand... je vois... Quand... je vois...

LÉANDRE

Dis donc ce que tu vois.

PETIT JEAN

Oh! dame! on ne court pas deux lièvres à la fois.

LE SOUFFLEUR

On lit...

PETIT JEAN

On lit...

LE SOUFFLEUR

Dans la...

PETIT JEAN

Dans la...

LE SOUFFLEUR

Métamorphose...

_____

1. *Incommode* : importun; 2. *Frivole* : futile; 3. *S'évertuer* : faire effort; d'où se donner du mouvement.

——— QUESTIONS ———

● VERS 674-696. Énumérez tous les effets comiques contenus dans ce passage : comique de mots, comique de situation (sous ses différents aspects), comique satirique (parodie de certaine éloquence judiciaire).
— Le rôle de Léandre : montrez qu'il continue à tenir la place du meneur de jeu dans cette parade.

PETIT JEAN

700 Comment?

LE SOUFFLEUR

Que la métem...

PETIT JEAN

Que la métem...

LE SOUFFLEUR

Psycose...

PETIT JEAN

Psycose...

LE SOUFFLEUR

Hé! le cheval!

PETIT JEAN

Et le cheval...

LE SOUFFLEUR

Encor!

PETIT JEAN

Encor...

LE SOUFFLEUR

Le chien!

PETIT JEAN

Le chien...

LE SOUFFLEUR

Le butor[1]!

PETIT JEAN

Le butor...

LE SOUFFLEUR

Peste de l'avocat!

PETIT JEAN

Ah! peste de toi-même!
Voyez cet autre avec sa face de carême[2]!
705 Va-t'en au diable.

DANDIN

Et vous, venez au fait. Un mot

Du fait.

---

1. *Butor* : oiseau de proie qu'on ne peut dresser pour la chasse; d'où, au figuré, homme stupide; 2. Visage pâle, tel que celui des gens qui ont rigoureusement jeûné pendant le carême.

Phot. Bernand.

« LES PLAIDEURS » A LA COMÉDIE-FRANÇAISE EN 1956

L'Intimé (Robert Manuel) plaide pour le chien Citron.
Georges Chamarat tient le rôle de Perrin Dandin.

PETIT JEAN

Hé! faut-il tant tourner autour du pot[1]?
Ils me font dire aussi des mots longs d'une toise[2],
De grands mots qui tiendraient d'ici jusqu'à Pontoise.
Pour moi, je ne sais point tant faire de façon
710 Pour dire qu'un mâtin vient de prendre un chapon.
Tant y a[3] qu'il n'est rien que votre chien ne prenne;
Qu'il a mangé là-bas un bon chapon du Maine;
Que la première fois que je l'y trouverai,
Son procès est tout fait, et je l'assommerai.

LÉANDRE

715 Belle conclusion, et digne de l'exorde[4]!

PETIT JEAN

On l'entend bien toujours. Qui voudra mordre y morde[5].

DANDIN

Appelez les témoins.

LÉANDRE

C'est bien dit, s'il le peut :
Les témoins sont fort chers, et n'en a pas qui veut.

PETIT JEAN

Nous en avons pourtant, et qui sont sans reproche[6].

DANDIN

720 Faites-les donc venir.

PETIT JEAN

Je les ai dans ma poche.

---

1. User de circonlocutions; proprement : tourner autour de la marmite avant de se décider à se servir; 2. *Toise* : mesure de longueur valant six pieds, soit environ 1,95 m; 3. Tant il est vrai que; l'omission du pronom *il* est un reste du vieil usage; 4. *Exorde* : début d'un discours; 5. Que celui qui veut critiquer ma conclusion la critique; 6. Que l'on ne peut récuser. *Reproche*, dans la langue juridique, signifie « raison que l'on produit pour récuser un témoin ».

■ QUESTIONS ────────────

● Vers 697-716. Les deux effets comiques sur lesquels est fondé ce passage. — Le rythme du premier mouvement (vers 697-705) : montrez que le souffleur sort à son tour du jeu. — A quoi voit-on que Petit Jean est redevenu lui-même? Comment expose-t-il finalement le *fait*? Dandin peut-il en être content? — Le vers 715 : en quoi Léandre établit-il le contact avec le spectateur?

Tenez : voilà la tête et les pieds du chapon.
Voyez-les et jugez.

L'INTIMÉ

Je les récuse.

DANDIN

Bon!

Pourquoi les récuser?

L'INTIMÉ

Monsieur, ils sont du Maine[1].

DANDIN

Il est vrai que du Mans il en vient par douzaine.

L'INTIMÉ

725 Messieurs...

DANDIN

Serez-vous long, avocat? dites-moi.

L'INTIMÉ

Je ne réponds de rien.

DANDIN

Il est de bonne foi.

L'INTIMÉ, *d'un ton finissant en fausset.*

Messieurs, tout ce qui peut étonner un coupable,
Tout ce que les mortels ont de plus redoutable,
Semble s'être assemblé contre nous par hasar[2] :
730 Je veux dire la brigue et l'éloquence. Car,
D'un côté, le crédit du défunt m'épouvante;
Et, de l'autre côté, l'éloquence éclatante
De maître Petit Jean m'éblouit[3].

DANDIN

Avocat,
De votre ton vous-même adoucissez l'éclat.

---

1. Ce trait à l'égard des témoins manceaux a son origine dans Rabelais, qui, au cinquième livre de *Pantagruel*, parle d'un pays où se tenait une école de *témoignerie* fréquentée surtout par des Percherons et des Manceaux; 2. Orthographe commandée ici par la rime pour l'œil; de telles licences n'étaient d'ailleurs pas normalement admises. Racine pousse ici le jeu jusqu'au burlesque en alignant *hasar* sur la conjonction *car*, mise plaisamment à la rime; 3. Ce couplet de l'Intimé est une paraphrase de l'exorde du *Pro Quinctio* de Cicéron.

QUESTIONS

● Vers 717-724. La comparution des témoins : Racine insiste-t-il beaucoup sur cet épisode du procès? Montrez qu'il réussit en sept vers à produire trois effets comiques différents.

L'INTIMÉ

(Du beau ton.)

735 Oui-da, j'en ai plusieurs.. Mais quelque défiance
Que nous doive donner la susdite éloquence,
Et le susdit crédit, ce néanmoins[1], messieurs,
L'ancre de vos bontés nous rassure d'ailleurs.
Devant le grand Dandin l'innocence est hardie;
740 Oui, devant ce Caton[2] de basse Normandie,
Ce soleil d'équité qui n'est jamais terni :
Victrix causa diis placuit, sed victa Catoni[3].

DANDIN

Vraiment, il plaide bien.

L'INTIMÉ

Sans craindre aucune chose,
Je prends donc la parole, et je viens à ma cause.
745 Aristote, *primo, peri Politicon*[4],
Dit fort bien...

DANDIN

Avocat, il s'agit d'un chapon,
Et non point d'Aristote et de sa *Politique*.

L'INTIMÉ

Oui, mais l'autorité du Péripatétique[5]
Prouverait que le bien et le mal...

DANDIN

Je prétends
750 Qu'Aristote n'a point d'autorité céans[6].
Au fait.

---

1. *Ce néanmoins* : malgré cela. Archaïsme maintenu dans la langue judiciaire;
2. Comme le précisera le vers 742, il s'agit de Caton d'Utique (95-46 av. J.-C.),
connu pour son intégrité. Partisan de Pompée contre César, il se tua après la
défaite des Pompéiens; Lucain exalte son héroïsme dans le *Pharsale*; 3. « La cause
du vainqueur a pour elle les dieux, mais celle du vaincu a pour elle Caton » (Lucain,
Pharsale, I, 128). Cette citation se trouve également dans le plaidoyer de Gaultier,
dont Racine aurait parodié l'exorde par la bouche de Petit Jean; 4. Mélange de
latin et de grec signifiant « au premier livre de *la Politique* ». Le titre grec de
l'ouvrage d'Aristote est d'ailleurs *Politica*; 5. Aristote, ainsi nommé comme chef
de l'école dite « péripatéticienne »; 6. *Céans* : voir le vers 170 et là note 4.

L'INTIMÉ

Pausanias, en ses *Corinthiaques*[1]...

DANDIN

Au fait.

L'INTIMÉ

Rebuffe[2]...

DANDIN

Au fait, vous dis-je.

L'INTIMÉ

Le grand Jacques[3]...

DANDIN

Au fait, au fait, au fait.

L'INTIMÉ

Armeno Pul[4], *in Prompt*...

DANDIN

Oh! je te vais juger.

L'INTIMÉ

Ho! vous êtes si prompt!

(Vite.)

755 Voici le fait. Un chien vient dans une cuisine;
Il y trouve un chapon, lequel a bonne mine.
Or celui pour lequel je parle est affamé,
Celui contre lequel je parle *autem* plumé;
Et celui pour lequel je suis prend en cachette
760 Celui contre lequel je parle. L'on décrète[5] :
On le prend. Avocat pour et contre appelé;
Jour pris. Je dois parler, je parle, j'ai parlé.

---

1. *Pausanias*, géographe grec (IIe siècle apr. J.-C.), est l'auteur d'un *Voyage en Grèce*, dont les « Corinthiaques » forment un livre; 2. *Rebuffe* : jurisconsulte français du XVIe siècle (1487-1557); 3. *Le grand Jacques* est peut-être Jacques Cujas, célèbre jurisconsulte du XVIe siècle (1520-1590); 4. *Armeno Pul* : jurisconsulte grec du XIVe siècle, qui écrivit un manuel des lois, plusieurs fois traduit en latin sous le titre de *Promptuarium juris civilis*; 5. *Décréter* : lancer un ordre d'amener le coupable devant le tribunal.

QUESTIONS

● Vers 725-754. Énumérez les différents procédés comiques qui se succèdent dans la plaidoirie de l'Intimé; la part du comique de farce, la part du comique de parodie. Quels sont les trois genres d'éloquence auxquels l'Intimé fait successivement appel (vers 727-733, 735-742, 743-754)? Le rôle de Dandin pendant cette partie du procès?

● Vers 755-762. Comparez cette tirade à celle de Petit Jean (vers 707-714). Si on se rappelle la profession de l'Intimé, dans quelle mesure peut-on dire qu'il ne force point ici son vocabulaire?

DANDIN

Ta, ta, ta, ta. Voilà bien instruite une affaire[1] !
Il dit fort posément ce dont on n'a que faire,
765 Et court le grand galop quand il est à son fait.

L'INTIMÉ

Mais le premier[2], monsieur, c'est le beau.

DANDIN

C'est le laid.
A-t-on jamais plaidé d'une telle méthode?
Mais qu'en dit l'assemblée?

LÉANDRE

Il est fort à la mode.

L'INTIMÉ, *d'un ton véhément.*

Qu'arrive-t-il, messieurs? On vient. Comment vient-on?
770 On poursuit ma partie[3]. On force une maison.
Quelle maison? maison de notre[4] propre juge!
On brise le cellier qui nous sert de refuge!
De vol, de brigandage on nous déclare auteurs!
On nous traîne, on nous livre à nos accusateurs,
775 A maître Petit Jean, messieurs. Je vous atteste[5] :
Qui ne sait que la loi *Si quis canis*, Digeste,
De vi, paragrapho, messieurs, *Caponibus*[6],
Est manifestement contraire à cet abus?
Et quand il serait vrai que Citron, ma partie,
780 Aurait mangé, messieurs, le tout, ou bien partie[7]
Dudit chapon : qu'on mette en compensation
Ce que nous avons fait avant cette action.
Quand ma partie a-t-elle été réprimandée?

---

1. *Instruire une affaire :* mettre une affaire en état d'être jugée; 2. La première manière; 3. La *partie* que je défends, mon client; 4. Avec ce *notre*, l'avocat
commence à s'identifier à son client : il le fera plus nettement encore dans
les vers suivants; 5. *Attester :* prendre à témoin; 6. L'Intimé cite une loi d'ailleurs imaginaire : dans le *Digeste* (recueil de Justinien), titre *De vi* (« De la violence »), paragraphe *Caponibus* (« Des chapons »). *Si quis canis,* « Si quelque
chien », seraient les premiers mots de cette prétendue loi; 7. Pour la rime, voir
la note du vers 531.

QUESTIONS

● VERS 765-767. Comment Dandin et Léandre contribuent-ils à faire
continuer le jeu?

Par qui votre maison a-t-elle été gardée?
785 Quand avons-nous manqué d'aboyer au larron[1]?
Témoin trois procureurs, dont icelui[2] Citron
A déchiré la robe. On en verra les pièces.
Pour nous justifier, voulez-vous d'autres pièces[3]?

PETIT JEAN

Maître Adam[4]...

L'INTIMÉ

Laissez-nous.

PETIT JEAN

L'Intimé...

L'INTIMÉ

Laissez-nous.

PETIT JEAN

790 S'enroue.

L'INTIMÉ

Hé! laissez-nous. Euh! euh!

DANDIN

Reposez-vous,

Et concluez.

L'INTIMÉ, *d'un ton pesant.*

Puis donc, qu'on nous, permet, de prendre[5],
Haleine, et que l'on nous, défend, de nous, étendre,

---

1. Bdélycléon, de même, dans *les Guêpes* d'Aristophane (vers 952 et 957), invoque les services du chien Labès : « Il est bon et donne la chasse aux loups [...], il se bat pour ta défense et garde la porte »; 2. Forme archaïque du pronom démonstratif; 3. Pièces de procédure; pour la répétition du même mot à la rime, voir la note du vers 531; 4. *Adam* est-il le prénom de l'Intimé, ou, comme le suggère Mesnard, serait-ce que Petit Jean ne connaît d'autre maître que Maître Adam (Billaut), le poète populaire du XVIIe siècle (1602-1662)? Il s'imaginerait alors que le titre de « maître » est inséparable du prénom qui le suit; 5. Cette ponctuation, qui figure dans les éditions imprimées du vivant de Racine, sert à marquer le débit de l'acteur.

● **QUESTIONS** ●

● Vers 769-788. Caractérisez le nouveau style adopté par l'Intimé. — Les vers 769-775 reprennent ce qui a été dit aux vers 760-762 : appréciez l'« exercice de style » auquel se livre alors l'Intimé. — Quelle partie de la plaidoirie commence au vers 776?

● Vers 789-790. Pourquoi Petit Jean intervient-il? Est-il plus adroit cette fois dans sa manière de participer au jeu? Peut-il vraiment voir en l'Intimé l'avocat de la partie adverse? — L'Intimé n'est-il pas réellement décontenancé par l'interruption de Petit Jean? Sort-il toutefois du jeu?

Je vais, sans rien omettre, et sans prévariquer[1],
Compendieusement[2] énoncer, expliquer,
795 Exposer, à vos yeux, l'idée universelle
De ma cause, et des faits, renfermés, en icelle[3].

DANDIN

Il aurait plus tôt fait de dire tout vingt fois
Que de l'abréger une. Homme, ou qui que tu sois,
Diable, conclus; ou bien que le ciel te confonde.

L'INTIMÉ

800 Je finis.

DANDIN

Ah!

L'INTIMÉ

Avant la naissance du monde...

DANDIN, *bâillant.*

Avocat, ah! passons au déluge.

L'INTIMÉ

Avant donc
La naissance du monde et sa création,
Le monde, l'univers, tout, la nature entière
Était ensevelie au fond de la matière.
805 Les éléments, le feu, l'air, et la terre, et l'eau,
Enfoncés, entassés, ne faisaient qu'un monceau,
Une confusion, une masse sans forme,
Un désordre, un chaos, une cohue énorme :

UNUS ERAT TOTO NATURAE VULTUS IN ORBE,
810 QUEM GRAECI DIXERE CHAOS, RUDIS INDIGESTAQUE MOLES[4].

---

1. *Prévariquer :* manquer aux devoirs de sa charge; 2. *Compendieusement :* en abrégé; 3. Voir note du vers 786; 4. « La nature n'offrait dans tout l'univers qu'un aspect uniforme, c'est ce que les Grecs ont appelé « chaos », masse informe et confuse » (Ovide, *les Métamorphoses,* I, vers 6-7). Dans le texte d'Ovide, le mot *Graeci* ne figure pas.

— QUESTIONS —

● VERS 791-799. Le nouvel effet comique provoqué ici réside-t-il seulement dans la diction et dans l'intonation de l'Intimé? Le contraste entre l'idée exprimée au vers 792 et les vers suivants. — L'intervention de Dandin ne montre-t-elle pas que le juge se passionne de plus en plus pour le procès?

● VERS 800-810. L'effet comique produit par les deux parties du vers 800. — Comparez la tirade 801-810 au texte d'Ovide, qui lui a servi de modèle. Quel genre d'éloquence judiciaire Racine veut-il ridiculiser ici?

LÉANDRE

Quelle chute! Mon père[1]!

PETIT JEAN

Ay! monsieur! Comme il dort!

LÉANDRE

Mon père, éveillez-vous.

PETIT JEAN

Monsieur, êtes-vous mort?

LÉANDRE

Mon père!

DANDIN

Hé bien? hé bien? Quoi? qu'est-ce? Ah! ah!
[quel homme!
Certes, je n'ai jamais dormi d'un si bon somme.

LÉANDRE

815 Mon père, il faut juger.

DANDIN

Aux galères[2].

LÉANDRE

Un chien,

Aux galères?

DANDIN

Ma foi! je n'y conçois plus rien :
De monde, de chaos, j'ai la tête troublée.
Hé! concluez.

L'INTIMÉ, *lui présentant de petits chiens.*

Venez, famille désolée;

---

1. Dandin, endormi, s'est laissé tomber de son fauteuil; 2. Les *galères* de la marine de guerre royale avaient pour rameurs des condamnés de droit commun; selon une anecdote, souvent rapportée, un juge s'était assoupi pendant qu'on plaidait la cause d'un homme qui avait commis un délit dans un pré : « A quoi condamnez-vous le coupable? lui demanda-t-on. — A être pendu. — Comment! Il s'agit d'un pré! — Qu'on le fauche! »

━━━● QUESTIONS ━━━━━━━━━━━━━━━

●VERS 811-818. La part de la bouffonnerie dans cet épisode. Quel effet comique est provoqué par le jeu sur le mot *chute?* Racine n'a-t-il pas cependant préparé le spectateur à voir Dandin s'endormir à l'audience? Le verdict du juge : sous son aspect de farce, quelle critique sévère est portée ici contre la justice?

Procès engendre procès

Plaideur

PROCÈS ENGENDRE PROCÈS
Gravure satirique de Lagnier (XVIIᵉ siècle) illustrant des proverbes.

DAME CONSULTANT SON AVOCAT
Gravure de la fin du XVIIᵉ siècle.

Venez, pauvres enfants qu'on veut rendre orphelins,
820 Venez faire parler vos esprits enfantins[1].
Oui, messieurs, vous voyez ici notre misère :
Nous sommes orphelins; rendez-nous notre père;
Notre père, par qui nous fûmes engendrés,
Notre père, qui nous...

DANDIN

Tirez, tirez, tirez[2].

L'INTIMÉ

825 Notre père, messieurs...

DANDIN

Tirez donc. Quels vacarmes[3]!
Ils ont pissé partout.

L'INTIMÉ

Monsieur, voyez nos larmes[4].

DANDIN

Ouf! Je me sens déjà pris de compassion[5].
Ce que c'est qu'à propos toucher la passion[6]!
Je suis bien empêché[7]. La vérité me presse;
830 Le crime est avéré; lui-même il le confesse.

---

1. Aristophane *(les Guêpes*, vers 975-978) : « Voyons, je t'en conjure, prenez pitié de lui, ô mon père, et ne le perdez pas. Où sont les enfants? Montez, malheureux, et en jappant, priez, suppliez, pleurez. »; 2. Expression familière qui signifiait « allez-vous-en »; c'est une abréviation de l'expression *tirer au large* : s'enfuir. Cette expression s'employait aussi, comme ici, pour éloigner un chien. 3. Le mot ne s'emploie plus aujourd'hui qu'au singulier; il était utilisé au pluriel dans la langue du XVIIᵉ siècle; 4. *Var.* : « ... Monsieur, ce sont leurs larmes » (1669); 5. Aristophane (*les Guêpes*, vers 973) : « Quelque chose me fait mollir? Un mal me circonvient et je me laisse persuader »; 6. La sensibilité; 7. *Empêché* : embarrassé.

============== **QUESTIONS** ==============

● VERS 819-826. L'effet produit par la parodie du pathétique suivie immédiatement de la bouffonnerie rabelaisienne : dans quelle mesure Racine parvient-il, dans un passage comme celui-ci, à se rapprocher de son modèle Aristophane? Reste-t-il dans les limites du bon goût, auquel tient tant son époque?
● VERS 827-833. Est-il vraisemblable que Dandin soit touché de sympathie? Est-ce dans la logique de son caractère? Comment Racine utilise-t-il la sénilité de Dandin pour amener son personnage à la même attitude que le juge d'Aristophane et pour clore ainsi provisoirement la scène du procès?

Mais s'il est condamné, l'embarras est égal.
Voilà bien des enfants réduits à l'hôpital.
Mais je suis occupé, je ne veux voir personne.

Scène IV. — CHICANNEAU, ISABELLE, DANDIN, LÉANDRE, L'INTIMÉ, PETIT JEAN, LE SOUFFLEUR.

CHICANNEAU

Monsieur...

DANDIN

Oui, pour vous seuls l'audience se donne[1];
835 Adieu. Mais, s'il vous plaît, quel est cet enfant-là?

CHICANNEAU

C'est ma fille, monsieur.

DANDIN

Hé! tôt[2], rappelez-la.

ISABELLE

Vous êtes occupé.

DANDIN

Moi! Je n'ai point d'affaire.
Que ne me disiez-vous que vous étiez son père?

_____

1. Ce vers s'adresse à l'Intimé et à Petit Jean, le suivant à Chicanneau; 2. *Tôt :* vite.

———— QUESTIONS ————

■ Sur l'ensemble de la scène III. — Comparez cette scène à celle des *Guêpes,* qui l'a inspirée (voir dans la Documentation thématique la traduction des vers 891-906, 941-956 et 967-1004). Comment Racine adapte-t-il les données de son modèle? Quelle institution judiciaire est ici l'objet de la satire?

— La comédie dans la comédie : quel est le seul personnage qui, d'un bout à l'autre de la scène, participe à la parodie du procès, comme s'il y croyait? Petit Jean et l'Intimé entrent-ils de la même façon dans le jeu? Quel rôle joue Léandre? Analysez le sentiment du spectateur pendant toute cette scène : comment participe-t-il à l'action?

— Étudiez la parodie et la satire de l'éloquence judiciaire dans les plaidoyers de Petit Jean et de l'Intimé. Il est évident (voir les notes) qu'à certains moments Racine a raillé directement des avocats de son temps, dont les manies oratoires étaient facilement reconnaissables : quel caractère de la comédie s'accentue ainsi? Cela signifie-t-il qu'elle ait perdu pour les spectateurs d'aujourd'hui une partie de son intérêt comique?

CHICANNEAU

Monsieur...

DANDIN

Elle sait mieux votre affaire que vous.
840 Dites. Qu'elle est jolie, et qu'elle a les yeux doux[1]!
Ce n'est pas tout, ma fille, il faut de la sagesse.
Je suis tout réjoui de voir cette jeunesse.
Savez-vous que j'étais un compère[2] autrefois?
On a parlé de nous.

ISABELLE

Ah! monsieur, je vous crois.

DANDIN

845 Dis-nous : à qui veux-tu faire perdre la cause?

ISABELLE

A personne.

DANDIN

Pour toi je ferai toute chose.
Parle donc.

ISABELLE

Je vous ai trop d'obligation.

DANDIN

N'avez-vous jamais vu donner la question[3]?

---

1. La galanterie hors de saison de Dandin est sans doute le reflet atténué de la transformation plus radicale qui s'était opérée chez Philocléon, dans *les Guêpes* d'Aristophane. Le vieillard se livrait, en effet, à des scandales de toute sorte, et son fils avait bien du mal à le maîtriser; 2. *Un compère* : un gai compagnon; 3. Il s'agit des tortures auxquelles on soumettait les accusés pour leur arracher l'aveu de leur crime. Dans *le Roman bourgeois*, le prévôt Belastre, pour plaire à Collantine, « lui faisait bailler place commode dans les lieux publics pour voir les pendus et les roués qu'il faisait exécuter ». Thomas Diafoirus, dans *le Malade imaginaire*, invitera même Angélique « à venir voir, l'un de ces jours, la dissection d'une femme ».

■ QUESTIONS

● VERS 834-847. Le retour de Chicanneau était-il prévisible? Comment Racine réussit-il à faire converger les deux plans de son intrigue? — Le nouvel aspect sous lequel Dandin se révèle n'est-il pas un peu surprenant? Montrez que son attitude n'a cependant rien d'invraisemblable et que, là encore, Racine, tout en s'inspirant d'Aristophane, adapte le caractère de son personnage aux nécessités de la comédie moderne.

ISABELLE

Non; et ne le verrai, que je crois[1], de ma vie.

DANDIN

850 Venez, je vous en veux faire passer l'envie[2].

ISABELLE

Hé! monsieur, peut-on voir souffrir les malheureux?

DANDIN

Bon! Cela fait toujours passer une heure ou deux.

CHICANNEAU

Monsieur, je viens ici pour vous dire...

LÉANDRE

                              Mon père,
Je vous vais en deux mots dire toute l'affaire :
855 C'est pour un mariage. Et vous saurez d'abord
Qu'il ne tient plus qu'à vous, et que tout est d'accord :
La fille le veut bien; son amant le respire[3];
Ce que la fille veut, le père le désire.
C'est à vous de juger.

DANDIN, *se rasseyant*.

                        Mariez au plus tôt :
860 Dès demain, si l'on veut; aujourd'hui, s'il le faut.

LÉANDRE

Mademoiselle, allons, voilà votre beau-père :
Saluez-le.

---

1. Tournure familière pour *à ce que je crois*; 2. Dandin a mal compris ce que veut dire Isabelle au vers 849 et interprète ses paroles comme si elles impliquaient un regret de n'avoir jamais l'occasion d'assister à la torture; 3. *Respirer :* appeler de ses vœux.

——————— QUESTIONS ———————

● Vers 848-853. Le comique de ces répliques : comment la déformation professionnelle fausse-t-elle tous les sentiments d'un maniaque? D'après la note 3, page 112, dégagez la vérité générale, dont Racine donne ici une illustration.

CHICANNEAU

Comment?

DANDIN

Quel est donc ce mystère?

LÉANDRE

Ce que vous avez dit se fait de point en point.

DANDIN

Puisque je l'ai jugé, je n'en reviendrai point[1].

CHICANNEAU

865 Mais on ne donne pas une fille sans elle[2].

LÉANDRE

Sans doute; et j'en croirai la charmante Isabelle.

CHICANNEAU

Es-tu muette? Allons, c'est à toi de parler.
Parle.

ISABELLE

Je n'ose pas, mon père, en appeler[3].

CHICANNEAU

Mais j'en appelle, moi.

LÉANDRE

Voyez cette écriture,
870 Vous n'appellerez pas de votre signature?

CHICANNEAU

Plaît-il?

DANDIN

C'est un contrat en fort bonne façon.

---

1. Je ne changerai pas d'avis; je ne reviendrai pas sur ma décision; 2. Sans son consentement; 3. *En appeler* : faire appel d'un jugement qu'on trouve injuste, en demandant qu'il soit révisé par une juridiction supérieure.

───────── **QUESTIONS** ─────────

● Vers 853-871. Ce dénouement était-il prévu? Montrez que Racine accélère le rythme de cette scène attendue : pourquoi?

CHICANNEAU

Je vois qu'on m'a surpris[1] : mais j'en aurai raison[2].
De plus de vingt procès ceci sera la source.
On a la fille, soit ; on n'aura pas la bourse.

LÉANDRE

875 Hé ! monsieur, qui vous dit qu'on vous demande rien ?
Laissez-nous votre fille, et gardez votre bien.

CHICANNEAU

Ah !

LÉANDRE

Mon père, êtes-vous content de l'audience ?

DANDIN

Oui-da. Que les procès viennent en abondance,
Et je passe avec vous le reste de mes jours.
880 Mais que les avocats soient désormais plus courts.
Et notre criminel ?

LÉANDRE

Ne parlons que de joie.
Grâce ! grâce ! mon père.

DANDIN

Hé bien, qu'on le renvoie[3] ;
C'est en votre faveur, ma bru, ce que j'en fais.
Allons nous délasser à voir d'autres procès.

1. *Surpris :* abusé, trompé ; 2. J'obtiendrai réparation ; 3. Sous-entendre : absous.

─────── **QUESTIONS** ───────

● Vers 872-884. Tous les problèmes en suspens se trouvent-ils définitivement réglés ? Dandin et Chicanneau sont-ils guéris de leur manie ? Montrez que Racine rejoint Molière dans la façon de concevoir la moralité de sa comédie.

■ Sur l'ensemble de la scène IV. — L'art d'expédier un dénouement : comment s'y prend Racine pour donner à cette scène un rythme rapide, sans que les personnages perdent rien de leur relief ?

■ Sur l'ensemble de l'acte III. — La composition de cet acte : montrez que la scène du procès couronne la satire de la justice qui anime toute la pièce. Énumérez les différents aspects de la justice que Racine a critiqués depuis le début des *Plaideurs* (professions judiciaires, procédure civile et criminelle, institutions et traditions, etc.).
— Racine et Aristophane : dans quelle mesure le poète français a-t-il suivi son modèle grec ? Pourquoi *les Plaideurs* constituent-ils la comédie la plus « aristophanesque » de la littérature classique ?

DOCUMENTATION THÉMATIQUE
réunie par la Rédaction des Nouveaux Classiques Larousse.

1. Racine et Aristophane.

2. Autour des *Plaideurs* au XVIIe siècle :
   2.1. Louis Racine, *Mémoires;*
   2.2. Boileau, *Satire VIII*.

3. H. Becque et Jules Moineaux :
   3.1. H. Becque, *les Corbeaux,* II, IX;
   3.2. J. Moineaux, *les Tribunaux comiques*.

1. RACINE ET ARISTOPHANE

« LES GUÊPES » D'ARISTOPHANE

(Traduction Van Daele, © Edition des Belles-Lettres.)

Voici, extraits des *Guêpes* d'Aristophane, les passages dont s'est inspiré Racine. Au début de la comédie, Xanthias et Sosias, esclaves de Bdélycléon, fils du juge Philocléon, occupent la scène ; ils dialoguent devant la maison, barricadée et entourée de filets, où Bdélycléon a enfermé son père, qui est atteint de la manie de juger ; puis, selon la tradition, Xanthias se tourne vers le public pour lui exposer l'argument de la pièce — c'est-à-dire pour lui décrire la folie dont est atteint Philocléon. Malgré la présence de Sosias, nous avons donc ici une sorte de monologue.

XANTHIAS. — [...] Nous avons un maître, celui-là qui dort là-haut, le grand qui est sur le toit. Il nous a chargés tous deux de garder son père, qu'il a enfermé, pour l'empêcher de sortir. Car ce père est atteint d'une maladie étrange, que personne au monde n'imaginerait ni ne soupçonnerait, s'il ne l'apprenait de nous. [...] Il a l'amour de l'Héliée, comme personne. Sa passion, c'est cela, être dicaste, et il geint s'il ne siège au premier rang. Quant au sommeil, il n'en voit pas un atome de la nuit ; ou, s'il ferme les yeux, ne fût-ce qu'un instant, c'est là-bas que son esprit voltige pendant la nuit, autour de la clepsydre. L'habitude qu'il a de tenir le suffrage fait qu'il se lève en serrant les trois doigts, comme s'il mettait de l'encens sur l'autel à la nouvelle lune. [...] Comme son coq chantait dès la nuit close, il prétendit que pour l'éveiller tard il avait été séduit par les prévenus et en avait reçu de l'argent. Aussitôt après souper, il crie après ses chaussures, puis il va là-bas et s'y endort bien avant l'heure, collé comme un coquillage à sa colonne. [...] Aussi le gardons-nous sous les verrous pour l'empêcher de sortir. Car son fils est désolé de sa maladie. Et tout d'abord, par de bonnes paroles, il l'engagea à ne plus porter le manteau court et à ne point sortir ; mais l'autre n'en fit rien. Ensuite il le baigna et le purgea ; mais l'autre de s'entêter. [...] Dès lors nous ne l'avons plus laissé sortir ; mais lui s'échappait par les conduites d'eau et les lucarnes. Nous alors, avisant les ouvertures de la maison, nous les avons toutes bouchées avec des chiffons et calfeutrées ; mais lui, comme un choucas, se plantait des chevilles dans le mur, puis sautait dehors. Enfin nous avons tendu des filets tout autour du logis, et nous veillons. Le vieillard s'appelle Philocléon, oui par Zeus ! Le fils que voici est Bdélycléon.

(Vers 67-134.)

Philocléon tente de s'échapper de la maison au moyen d'une corde ; bien qu'il fasse le moins de bruit possible, il ne peut empêcher que Bdélycléon ne s'éveille et donne l'alarme.

BDÉLYCLÉON. (*Du haut du toit, au second serviteur.*) — Holà ! Eveille-toi !

LE SECOND SERVITEUR. (*S'éveillant.*) — Que se passe-t-il ?

BDÉLYCLÉON. — J'entends comme une voix autour de moi. Serait-ce le vieux qui se faufile quelque part, de nouveau ?

LE SECOND SERVITEUR. — Non, par Zeus, non alors ; mais il se glisse en bas et s'est lié à une corde.

BDÉLYCLÉON. (*Regardant en haut. A Philocléon.*) — Canaille de canaille, que fais-tu ? Veux-tu bien ne pas descendre ? (*Au second serviteur.*) Grimpe vite par l'autre bout et frappe avec les rameaux ; vois à le faire ramer en arrière à coups d'irésione.

PHILOCLÉON. (*Aux spectateurs.*) — Ne m'aiderez-vous pas, vous tous qui devez avoir des procès cette année, Scimythion, Tisiadès, Chrémon, Phérédipnos ? Quand donc, si ce n'est maintenant, me secourrez-vous, avant qu'on m'ait davantage poussé dedans ? [...]

(Vers 395-402.)

Philocléon décrit les délices de la fonction de dicaste :

PHILOCLÉON. — [...] Quel bonheur y a-t-il, quelle félicité plus grande maintenant que celle de dicaste ? Quelle existence plus délicieuse, quel être plus redouté, en dépit de la vieillesse ? Et d'abord, à l'heure où je sors de mon lit, des gens me guettent près de la balustrade, de grands personnages hauts de quatre coudées. Ensuite, dès que je m'approche, je sens quelqu'un mettre dans ma main sa main délicate, voleuse des deniers publics. On me supplie, avec des courbettes, d'une voix lamentable : « Aie pitié de moi, ô père, je t'en conjure, si jamais toi-même tu as dérobé dans l'exercice d'une charge ou à l'armée, en faisant le marché pour les camarades ! » [...] Puis, entré au tribunal après qu'on m'a bien supplié et qu'on a effacé ma colère, une fois à l'intérieur, de toutes mes promesses je n'en tiens aucune, mais j'écoute les accusés employer tous les tons pour obtenir l'acquittement. Car, voyons, quelle flatterie un dicaste n'est-il pas dans le cas d'attendre ? Les uns déplorent leur pauvreté et y ajoutent ; les autres nous content des fables, d'autres quelque facétie d'Esope ; tel autre plaisante pour me faire rire et déposer ma colère. Si rien de tout cela ne nous touche, aussitôt il fait monter ses marmots, filles et garçons, les traînant par la main ; et moi j'écoute ; et eux,

baissant la tête ensemble, poussent des bêlements. [...] Puis
le père en leur nom me supplie comme un dieu, en trem-
blant, de l'absoudre du grief de mauvaise gestion : « Si tu
aimes la voix d'un agneau, que la voix d'un garçon excite
ta pitié... »

(Vers 550-572.)

Bdélycléon tente de convaincre son père que l'on peut fort bien
juger sans quitter sa demeure...

BDÉLYCLÉON. — Allons, mon père, au nom des dieux, cède-
moi.

PHILOCLÉON. — En quoi te céder ? Dis ce que tu voudras,
hors une seule chose.

BDÉLYCLÉON. — Laquelle ? Voyons.

PHILOCLÉON. — De ne pas juger. [...]

BDÉLYCLÉON. — En ce cas, puisque tu trouves une telle jouis-
sance à ce métier, ne va plus là-bas, reste ici même et rends
la justice aux gens de la maison.

PHILOCLÉON. — Sur quoi ? Que chantes-tu là ?

BDÉLYCLÉON. — Tout comme cela se fait là-bas. La servante
a-t-elle ouvert la porte clandestinement, tu voteras pour ce
cas une simple amende. C'est absolument ce que tu faisais
là-bas chaque fois. Et cela, tu le feras rationnellement : si
le soleil se montre à l'aube, tu seras héliaste au soleil ; s'il
neige, tu siégeras près du feu ; s'il pleut, tu rentreras. [...]

PHILOCLÉON. — Voilà qui me va.

BDÉLYCLÉON. — De plus, qui mieux est, si un orateur parle
longtemps, tu n'attendras pas en ayant faim, en rage contre
toi-même et contre le défendeur.

PHILOCLÉON. — Comment donc pourrai-je décider pertinemment les affaires, comme autrefois, en mâchant ?

BDÉLYCLÉON. — Bien mieux certes. Ne dit-on pas couramment que les juges, quand les témoins mentent, n'arrivent
qu'à grand-peine à connaître l'affaire, à force de la ruminer ?

PHILOCLÉON. — Soit, tu me persuades. Mais il y a un point
dont tu ne me parles toujours pas : mon salaire, qui me
le paiera ?

BDÉLYCLÉON. — Moi.

(Vers 760-785.)

La solution est ingénieuse, mais il faut trouver des coupables...

UN SERVITEUR. (*Sortant de la maison. A la cantonade.*) —

Va-t'en aux corbeaux! (*A part lui.*) Peut-on nourrir un pareil chien?

BDÉLYCLÉON. — Qu'y a-t-il, je te prie?

LE SERVITEUR. — Ne voilà-t-il pas que Labès tout à l'heure, le chien, a passé d'un bond dans la cuisine et y a dérobé un fromage frais de Sicile qu'il a dévoré!

BDÉLYCLÉON. — Bon, voilà le premier délit que j'aurai à porter devant mon père. Toi, présente-toi comme accusateur.

LE SERVITEUR. — Non, par Zeus, pas moi; mais l'autre chien dit qu'il se porte accusateur, si l'on introduit une instance.

BDÉLYCLÉON. — Va donc, amène-les tous deux ici.

LE SERVITEUR. — C'est ce que je vais faire.

(Vers 836-843.)

Le serviteur amène deux personnages déguisés en chiens et dont les masques reproduisent, l'un les traits de Lachès, l'autre ceux de Cléon (hommes politiques dont se moque Aristophane).

BDÉLYCLÉON. — Si quelque héliaste est dehors, qu'il entre. Car, une fois les débats ouverts, nous ne laisserons plus entrer.

PHILOCLÉON. — Qui donc est l'accusé?

BDÉLYCLÉON. — Lui.

PHILOCLÉON. — (*A part.*) Comme il va être condamné!

BDÉLYCLÉON. — Ecoutez à présent l'acte d'accusation. Plainte a été portée par Chien Cydathénien contre Labès Aixonien, coupable d'avoir à lui seul dévoré le fromage de Sicile. Peine : un carcan de... figuier.

PHILOCLÉON. — Une mort de chien, plutôt, si une fois il est convaincu.

BDÉLYCLÉON. — Or l'accusé le voilà, Labès comparaissant.

PHILOCLÉON. — O la canaille! Comme il a bien la mine d'un voleur! (*L'accusé rit, en montrant les dents comme un chien.*) Comme il pense, en serrant les dents, pouvoir me tromper! Mais où est le plaignant, Chien Cydathénien?

LE CHIEN. — Aaou, aou!

BDÉLYCLÉON. — Le voici.

PHILOCLÉON. — Un autre Labès, celui-là.

BDÉLYCLÉON. — Bon du moins à aboyer.

PHILOCLÉON. — Et à lécher les marmites.

BDÉLYCLÉON. (*Faisant office de héraut. A Philocléon.*) — Silence, assieds-toi. (*Au chien.*) Toi monte là et accuse.

Le chien monte sur un banc.

PHILOCLÉON. — Allons, pendant ce temps, moi je verse ma bouillie et je l'avale.

Il fait comme il l'a dit.

(Vers 891-906.)

Autant que sénile, Philocléon se montre impitoyable :

PHILOCLÉON. (*S'asseyant et désignant l'accusé.*) — Celui-là, je crois bien, fera sous lui aujourd'hui.

BDÉLYCLÉON. — Ne cesseras-tu pas, de ton côté, d'être dur et revêche, et cela envers les accusés, et de les tenir aux dents ? (*A l'accusé.*) Monte là, défends-toi. (*Labès monte sur un banc et se tait.*) Pourquoi restes-tu muet ? Parle.

PHILOCLÉON. — Mais il m'a l'air, celui-là, de n'avoir rien à dire.

BDÉLYCLÉON. — Ce n'est pas cela ; il lui arrive, ce me semble, la même chose qui arriva jadis à Thucydide accusé, lequel fut soudain paralysé des mâchoires. (*A Labès.*) Ote-toi de là. C'est moi qui prendrai ta défense. (*Il monte sur le banc à la place du chien.*) C'est une tâche difficile, Messieurs, de plaider la cause d'un chien calomnié ; je parlerai tout de même. Il est bon et donne la chasse aux loups.

PHILOCLÉON. — Dis plutôt que c'est un voleur, cet individu, et un conspirateur.

BDÉLYCLÉON. — Non, par Zeus ; mais c'est le meilleur des chiens d'aujourd'hui ; il est à même d'être préposé à la garde de nombreux moutons.

PHILOCLÉON. — A quoi est-il bon s'il mange le fromage ?

(Vers 941-956.)

Menant ainsi le procès, cajolant et rudoyant son père, Bdélycléon essaie d'arracher la grâce du chien Labès :

BDÉLYCLÉON. — Diantre d'homme, aie pitié de ceux qui ont de la peine. Ce Labès ne mange que des têtes de poisson et des arêtes, et jamais il ne reste en place. Tandis que l'autre, tel que le voilà, c'est un casanier, rien de plus. Il ne bouge d'ici et chaque chose qu'on apporte céans, il en réclame sa part ; si on refuse, il mord...

PHILOCLÉON. — Horreur ! Quel est ce mal ? Quelque chose

me fait mollir ? Un mal me circonvient et je me laisse persuader.

BDÉLYCLÉON. — Voyons, je t'en conjure : prenez pitié de lui, ô mon père, et ne le perdez pas. Où sont les enfants ? (*Des enfants, figurant des petits chiens, sortent de la maison, criant et pleurnichant.*) Montez, malheureux, et en jappant priez, suppliez, pleurez.

PHILOCLÉON. (*D'une voix émue.*) — Descends, descends, descends, descends. [...]

BDÉLYCLÉON. — Il n'est donc pas acquitté, enfin ?

PHILOCLÉON. — C'est difficile à savoir.

BDÉLYCLÉON. — Voyons, petit père, un bon mouvement. Prends ce suffrage, passe vivement jusqu'à la seconde urne, les yeux fermés, et absous-le, mon père.

Il lui prend la main, le conduit rapidement autour de la table et l'arrête devant la seconde urne.

PHILOCLÉON. — C'est celle-ci la première ?

BDÉLYCLÉON. — Oui, celle-là.

PHILOCLÉON. (*Mettant son suffrage dans l'urne.*) — Voilà, mon suffrage y est.

BDÉLYCLÉON. (*A part.*) — Il est attrapé, il a acquitté sans le vouloir. (*A Philocléon.*) Voyons que je vide les urnes.

PHILOCLÉON. — Alors, le résultat de nos débats ?

BDÉLYCLÉON. — On va voir apparemment. (*Il vide les deux urnes.*) Tu es absous, Labès. (*Philocléon défaille.*) Père, père, que t'est-il arrivé ? Malheur ! Où y a-t-il de l'eau ? (*Un esclave apporte de l'eau; Bdélycléon essaie de ranimer son père.*) Relève-toi.

PHILOCLÉON. (*Revenant à lui.*) — Dis-moi donc une chose; est-il réellement acquitté ?

BDÉLYCLÉON. — Oui, par Zeus.

PHILOCLÉON. (*Retombant.*) — Alors, je n'existe plus.

BDÉLYCLÉON. — Ne t'inquiète pas, diantre d'homme, et remets-toi debout. (*Il le redresse.*)

PHILOCLÉON. — Comment supporterai-je ce fait en ma conscience ? J'ai absous un accusé ! Que vais-je bien devenir ! Ah ! dieux très vénérés, pardonnez-moi. C'est malgré moi que je l'ai fait et contre mon tempérament.

BDÉLYCLÉON. — Oui, et ne te chagrine point. Moi, mon père, je te nourrirai bien, je t'emmènerai avec moi partout, aux dîners, aux banquets, aux spectacles ; tu passeras dans la joie le reste de tes jours.

(Vers 967-1004.)

Dans la dernière partie de la comédie, Philocléon, guéri de sa manie de juger, n'en reste pas moins une cause de souci pour son fils ; il se livre à toutes sortes de scandales, enlève une joueuse de flûte, renverse l'éventaire d'une marchande en plein air, blesse un homme à coups de pierre. Bdélycléon, empoignant son père à bras-le-corps, le ramène dans sa maison.

Les emprunts de Racine sont évidents ; ils portent, on l'a dit, sur les situations et les personnages : exposition des données de la pièce par un serviteur ; claustration d'un vieux juge maniaque, procès du chien, cruauté sénile du juge, rôle de son fils qui mène le jeu, etc. L'imitation est parfois fidèle : tirade de Xanthias (et en particulier le trait du coq), « paralysie des mâchoires » de Labès au moment de plaider, rôle des petits chiens, éloge des talents de gardien du même Labès, etc. Mais il faut répéter que ces ressemblances ne sauraient faire oublier la profonde différence des deux comédies : elle est soulignée par un jugement de MM. Mazon et Bodin.

Les Plaideurs ont beaucoup nui en France à l'intelligence des *Guêpes,* et c'est une opinion commune qu'Aristophane ici tourne en ridicule l'humeur processive, le caractère chicanier des Athéniens. En réalité, *les Guêpes,* comme *les Acharniens* et comme *les Chevaliers,* sont une comédie politique. Les gens qu'on y voit ont la manie non de plaider, mais de juger, juger étant pour eux une profession, le gagne-pain de leurs vieux jours ; et ce qu'Aristophane a voulu montrer, c'est le trouble apporté dans les mœurs athéniennes par l'organisation démocratique des tribunaux, et plus spécialement par l'institution d'une *indemnité pour les jurés.*

2. AUTOUR DES *PLAIDEURS* AU XVIIᵉ SIÈCLE

2.1. LOUIS RACINE, *MÉMOIRES.*

La comédie des *Plaideurs,* écrit-il, précéda *Britannicus* et parut en 1668.

> En voici l'origine. Mon père avait enfin obtenu un bénéfice, puisque le privilège de la première édition d'*Andromaque,* qui est du 28 décembre 1667, est accordé au sieur Racine, prieur de l'Epinay, titre qui ne lui est plus donné dans un autre privilège accordé quelques mois après, parce qu'il n'était déjà plus prieur. Boileau le fut huit ou neuf ans ; mais quand il reconnut qu'il n'avait point de dispositions pour l'état ecclésiastique, il se fit un devoir de remettre le béné-

fice entre les mains du collateur; et pour remplir un autre
devoir encore plus difficile, après avoir calculé ce que le
prieuré lui avait rapporté pendant le temps qu'il l'avait
possédé, il fit distribuer cette somme aux pauvres, et princi-
palement aux pauvres du lieu. Rare exemple donné par un
poète accusé d'aimer l'argent.

Son ami eût imité une si belle action, s'il eût eu à restituer des
biens d'Eglise; mais sa vertu ne fut jamais à une pareille
épreuve. A peine eut-il obtenu son bénéfice, qu'un régulier
vint le lui disputer, prétendant que ce prieuré ne pouvait
être possédé que par un régulier; il fallut plaider; et voilà
ce procès « que ni ses juges ni lui n'entendirent », comme
il le dit dans la Préface des *Plaideurs*. C'était ainsi que la
Providence lui opposait toujours de nouveaux obstacles pour
entrer dans l'état ecclésiastique, où il ne voulait entrer que
par des vues d'intérêt. Fatigué enfin du procès, las de voir des
avocats et de solliciter des juges, il abandonna le bénéfice,
et se consola de cette perte par une comédie contre les juges
et les avocats.

Il faisait alors de fréquents repas chez un fameux traiteur
où se rassemblaient Boileau, Chapelle, Furetière, et quelques
autres. D'ingénieuses plaisanteries égayaient ces repas, où
les fautes étaient sévèrement punies. Le poème de *la Pucelle*
de Chapelain était sur une table, et on réglait le nombre
de vers que devait lire un coupable, sur la qualité de sa
faute. Elle était fort grave quand il était condamné à en
lire vingt vers; et l'arrêt qui condamnait à lire la page
entière était l'arrêt de mort. Plusieurs traits de la comédie
des *Plaideurs* furent le fruit de ces repas; chacun s'empres-
sait d'en fournir à l'auteur. M. de Brilhac, conseiller au parlement de Paris, lui apprenait les termes de palais. Boileau
lui fournit l'idée de la dispute entre Chicanneau et la
Comtesse; il avait été témoin de cette scène, qui s'était
passée chez son frère le greffier, entre un homme très
connu alors, et une comtesse, que l'actrice qui joua ce personnage contrefit jusqu'à paraître sur le théâtre avec les
mêmes habillements, comme il est rapporté dans le commentaire sur la seconde satire de Boileau. Plusieurs autres traits
de cette comédie avaient également rapport à des personnes
alors très connues; et par l'Intimé, qui, dans la cause du
chapon, commence, comme Cicéron, *pro Quinctio : Quae
res duae plurimum possunt, gratia et eloquentia*, etc., on désignait un avocat qui s'était servi du même exorde dans la cause
d'un pâtissier contre un boulanger. Soit que ces plaisanteries
eussent attiré des ennemis à cette pièce, soit que le parterre
ne fût pas d'abord sensible au sel attique dont elle est rem-
plie, elle fut mal reçue; et les comédiens, dégoûtés de la

seconde représentation, n'osèrent hasarder la troisième. Molière, qui était présent à cette seconde représentation, quoique alors brouillé avec l'auteur, ne se laissa séduire ni par aucun intérêt particulier, ni par le jugement du public : il dit tout haut, en sortant, que cette comédie était excellente, et que ceux qui s'en moquaient méritaient qu'on se moquât d'eux. Un mois après, les comédiens, représentant à la cour une tragédie, osèrent donner à la suite cette malheureuse pièce. Le Roi en fut frappé, et ne crut pas déshonorer sa gravité ni son goût par des éclats de rire si grands, que la cour en fut étonnée.

Louis XIV jugea de la pièce comme Molière en avait jugé. Les comédiens, charmés d'un succès qu'ils n'avaient pas espéré, pour l'annoncer plus promptement à l'auteur, revinrent toute la nuit à Paris, et allèrent le réveiller. Trois carrosses, pendant la nuit, dans une rue où l'on n'était pas accoutumé d'en voir pendant le jour, réveillèrent le voisinage : on se mit aux fenêtres, et comme on savait qu'un conseiller des requêtes avait fait un grand bruit contre la comédie des *Plaideurs,* on ne douta point de la punition du poète qui avait osé railler les juges en plein théâtre. Le lendemain tout Paris le croyait en prison, tandis qu'il se félicitait de l'approbation que la cour avait donnée à sa pièce, dont le mérite fut enfin reconnu à Paris.

2.2. BOILEAU, *SATIRE VIII*.

Un passage de la *Satire VIII* se moque de la Chicane :
L'homme ne peut rester en repos car, à l'opposé des animaux, il est mené par ses passions; après avoir évoqué le goût de l'argent, Boileau poursuit en ces termes :

Ou si pour l'entraîner l'argent manque d'attraits,
Bien-tost, l'Ambition, et toute son escorte,
Dans le sein du repos, vient le prendre à main forte,
L'envoye en furieux, au milieu des hazards,
Se faire estropier sur les pas des Cesars,
Et cherchant sur la bréche une mort indiscrete,
De sa folle valeur embellir la Gazette.
« Tout beau », dira quelqu'un, « raillez plus à propos;
Ce vice fut toûjours la vertu des Heros.
Quoi donc ? à vostre avis, fut-ce un fou qu'Alexandre ?
Qui ? cet écervelé qui mit l'Asie en cendre ?
Ce fougueux l'Angely qui de sang altéré,
Maistre du monde entier, s'y trouvoit trop serré ?
L'enragé qu'il estoit, né Roi d'une province,
Qu'il pouvoit gouverner en bon et sage prince,
S'en alla follement, et pensant estre Dieu,
Courir comme un Bandit qui n'a ni feu ni lieu,

Et traînant avec soi les horreurs de la guerre,
De sa vaste folie emplir toute la terre.
Heureux! si de son temps pour cent bonnes raisons,
La Macedoine eust eu des petites-Maisons,
Et qu'un sage Tuteur l'eust en cette demeure,
Par avis de Parens enfermé de bonne heure.
Mais sans nous égarer dans ces digressions;
Traiter, comme Senaut, toutes les passions;
Et les distribuant par classes et par titres,
Dogmatiser en vers et rimer par chapitres :
Laissons-en discourir la Chambre, ou Coëffeteau;
Et voïons l'Homme enfin par l'endroit le plus beau.
Lui seul vivant, dit-on, dans l'enceinte des villes
Fait voir d'honnestes mœurs, des coûtumes civiles,
Se fait des Gouverneurs, des Magistrats, des Rois,
Observe une police, obeit à des lois.
Il est vrai. Mais pourtant, sans lois et sans police,
Sans craindre Archers, Prevost, ni suppost de Justice,
Voit-on les loups brigans, comme nous inhumains,
Pour détrousser les loups, courir les grands chemins?
Jamais pour s'agrandir, vit-on, dans sa manie
Un Tigre en factions partager l'Hyrcanie?
L'Ours a-t-il dans les bois la guerre avec les Ours?
Le Vautour dans les airs fond-il sur les Vautours?
A-t-on veu quelquefois dans les plaines d'Afrique,
Déchirant à l'envi leur propre Republique,
Lions contre Lions, Parens contre Parens,
Combattre follement pour le choix des Tyrans?
L'animal le plus fier qu'enfante la nature,
Dans un autre animal respecte sa figure,
De sa rage avec lui modere les accés,
Vit sans bruit, sans debats, sans noise, sans procés.
Un aigle sur un champ pretendant droit d'aubeine,
Ne fait point appeler un Aigle à la huitaine.
Jamais contre un Renard chicanant un poulet,
Un Renard de son sac n'alla charger Rolet.
Jamais la Biche en rut, n'a pour fait d'impuissance,
Traîné du fond des bois un Cerf à l'Audiance,
Et jamais Juge entr'eux ordonnant le congrés,
De ce burlesque mot n'a sali ses arrests.
On ne connoist chez eux ni placets, ni Requestes,
Ni haut, ni bas Conseil, ni Chambre des Enquestes.
Chacun l'un avec l'autre en toute seureté
Vit sous les pures loix de la simple équité.
L'Homme seul, l'Homme seul en sa fureur extrême,
Met un brutal honneur à s'égorger soi-même.
C'estoit peu que sa main conduite par l'enfer,

Eust paistri le salpestre, eust aiguisé le fer,
Il faloit que sa rage à l'Univers funeste,
Allast encor de loix embroüiller un Digeste ;
Cherchant pour l'obscurcir des gloses, des Docteurs,
Accablast l'équité sous des monceaux d'Auteurs,
Et pour comble de maux apportast dans la France,
Des harangueurs du temps l'ennuieuse éloquence.

3. H. BECQUE ET JULES MOINEAUX

3.1. H. BECQUE, *LES CORBEAUX,* II, IX (© Stock).

Dans cette pièce, l'auteur met en scène, autour de Mme Vigneron, veuve d'un industriel, des « corbeaux », dont — ici — l'ancien associé de son mari, Teissier, l'architecte Lefort et le notaire Bourdon.

LEFORT. — Les héritiers se trouvent dans une passe difficile, mais dont ils peuvent sortir à leur avantage. Ils ont sous la main un homme dévoué, intelligent, estimé universellement sur la place de Paris, c'est l'architecte du défunt qui devient le leur. L'écouteront-ils ? S'ils repoussent ses avis et sa direction (*avec une pantomime comique*), la partie est perdue pour eux.

BOURDON. — Arrivez donc, monsieur, sans tant de phrases, à ce que vous proposez.

LEFORT. — Raisonnons dans l'hypothèse la plus défavorable. M. Lefort, qui vous parle en ce moment, est écarté de l'affaire. On règle son mémoire, loyalement, sans le chicaner sur chaque article, M. Lefort n'en demande pas plus pour lui. Que deviennent les immeubles ? Je répète qu'ils sont éloignés du centre, chargés de servitudes, j'ajoute : grevés d'hypothèques, autant de raisons qu'on fera valoir contre les propriétaires au profit d'un acheteur mystérieux qui ne manquera pas de se trouver là. (*Avec volubilité.*) On dépréciera ces immeubles, on en précipitera la vente, on écartera les acquéreurs, on trompera le tribunal pour obtenir une mise à prix dérisoire, on étouffera les enchères. Voilà une propriété réduite à zéro.

BOURDON. — Précisez, monsieur, j'exige que vous précisiez. Vous dites : on fera telle, telle et telle chose. Qui donc les fera, s'il vous plaît ? Savez-vous que de pareilles manœuvres ne seraient possibles qu'à une seule personne et que vous incriminez le notaire qui sera chargé de l'adjudication ?

LEFORT. — C'est peut-être vous, monsieur.

BOURDON. — Je ne parle pas pour moi, monsieur, mais pour tous mes confrères qui se trouvent atteints par vos paroles. Vous attaquez bien légèrement la corporation la plus respectable que je connaisse. Vous mettez en suspicion la loi elle-même dans la personne des officiers publics chargés de l'exécuter. Vous faites pis, monsieur, si c'est possible. Vous troublez la sécurité des familles. Il vous sied bien vraiment de produire une accusation semblable et de nous arriver avec un mémoire de trente-sept mille francs.

LEFORT. — Je demande à être là quand vous présenterez votre note.

BOURDON. — Terminons, monsieur. En deux mots, qu'est-ce que vous proposez?

LEFORT. — J'y arrive, à ce que je propose. Je propose aux héritiers Vigneron de continuer les travaux...

BOURDON. — Allons donc, il fallait le dire tout de suite. Vous êtes architecte, vous proposez de continuer les travaux.

LEFORT. — Laissez-moi finir, monsieur.

BOURDON. — C'est inutile. Si madame Vigneron veut vous entendre, libre à elle; mais moi, je n'écouterai pas plus longtemps des divagations. Quelle somme mettez-vous sur la table? Madame Vigneron n'a pas d'argent, je vous en préviens, où est le vôtre? Dans trois mois nous nous retrouverions au même point, avec cette différence que votre mémoire, qui est aujourd'hui de trente-sept mille francs, s'élèverait au double au train dont vous y allez. Ne me forcez pas à en dire davantage. Je prends vos offres telles que vous nous les donnez. Je ne veux pas y voir quelque combinaison ténébreuse qui ferait de vous un propriétaire à bon marché.

LEFORT. — Qu'est-ce que vous dites, monsieur? Regardez-moi donc en face. Est-ce que j'ai l'air d'un homme à combinaison ténébreuse? Ma parole d'honneur, je n'ai jamais vu un polichinelle pareil.

BOURDON, *se contenant, à mi-voix.* — Comment m'appelez-vous, saltimbanque?

Madame Vigneron se lève pour intervenir.

TEISSIER. — Laissez, madame, ne dites rien. On n'interrompt jamais une conversation d'affaires.

LEFORT, *à madame Vigneron.* — Je cède la place, madame. Si vous désirez connaître mon projet et les ressources dont je dispose, vous me rappellerez. Dans le cas contraire, vous auriez l'obligeance de me régler mon mémoire le plus tôt possible. Il faut que je fasse des avances à tous mes clients, moi, tandis qu'un notaire tripote avec l'argent des siens. *(Il se retire.)*

TEISSIER. — Attendez-moi, Lefort, nous ferons un bout de chemin ensemble. (*A madame Vigneron.*) Je vous laisse avec Bourdon, madame, profitez de ce que vous le tenez.

Les Corbeaux, II, 9.

3.2. JULES MOINEAUX, *LES TRIBUNAUX COMIQUES* (© Flammarion).

Le père de Georges Courteline a laissé quelques croquis d'audience dont nous proposons ici un échantillonnage.

LA COMÈTE

On dit qu'il est toujours temps de bien faire ; mais il en est des locutions proverbiales comme des proverbes eux-mêmes, et il est évident, par exemple, que si c'est bien faire que de s'intéresser aux grandes choses de la nature telles que la comète, on serait fondé à dire aux curieux qui voudraient la voir aujourd'hui qu'il n'est plus temps de bien faire.

Et il faut que ceci soit une grande vérité pour qu'un astronome en plein vent n'ait accepté que pour avoir la paix le sou d'un amateur désireux de voir cet astre vagabond qu'on a cru être l'âme du Juif errant jusqu'au jour où la science a découvert qu'il y avait plusieurs comètes, ce qui a complètement démoli cette erreur.

Expliquons d'ailleurs le refus de l'homme au télescope par cette particularité que si la comète eût encore été visible l'amateur en aurait vu deux à raison de son état d'ébriété qui fait voir double.

Malgré l'objection qui lui était faite, Malicorne (c'est son nom) voulut prendre de force la place d'un vieil observateur installé, les reins pliés, les mains sur les genoux et l'œil à la lunette ; de là une scène qui est venue se dénouer en police correctionnelle.

L'ASTRONOME. — J'avais un vieux monsieur qui regardait Vénus, quand cet individu (Malicorne) arrive complètement ivre, et me dit : « Fais-moi voir la comète. » Je lui réponds : « Il y a un mois qu'elle est partie. — Dans ce cas, qu'il me dit, elle ne peut pas tarder à revenir, je vais l'attendre ; je veux voir celle qui donne de si bon vin. » Je lui explique qu'elle ne reviendra pas avant soixante-dix ans d'ici : « Alors, qu'il me dit, fais-moi venir la lune ! » Je lui réponds : « La nouvelle lune n'est que pour dans quelques jours. »

« Eh bien ! qu'il me dit, fais-moi voir la vieille, ça m'est égal. » J'avais envie de ne pas lui répondre, car que voulez-vous dire à un homme ivre ? Cependant je lui explique qu'il ne comprenait pas et qu'il n'y a pas de lune du tout en ce moment. « Comment, qu'il me dit, il n'y a pas de lune !

est-ce que tu te fiches de moi ? qui est-ce qui l'a prise ? »
Enfin des raisons d'ivrogne, et il me met de force, dans la
main, un sou dont je ne voulais pas ; d'abord je lui dis :
« Ce n'est pas moins de deux sous » ; il me répond : « S'il
me restait deux sous, j'aurais pris un petit verre, il ne m'en
reste qu'un, donne-moi pour un sou de firmament. » Là-
dessus il bouscule le vieux monsieur et se met à sa place.
Je dis à mon client : « C'est un homme en ribote, ayez
la bonté de le laisser regarder un instant pour nous en débar-
rasser. » Le vieillard, qui était le plus ancien des vénérables,
consent ; c'est bon, voilà mon pochard qui regarde dans la
lunette ; il la dirige sur un marchand de coco et me dit :
« Oh ! comme sa fontaine est grosse ! on dirait un urinoir ;
pourquoi que ça grossit comme ça ? » Je lui explique que
c'est l'effet de la lentille. « Ah ! c'est vrai, qu'il me dit,
l'autre jour j'ai mangé des lentilles, j'avais le ventre bien
plus gros. »

M. LE PRÉSIDENT. — Arrivez tout de suite aux coups.

L'ASTRONOME. — Voilà : c'est venu de ce qu'il me dit de
lui montrer un marchand de vin pour voir si ça grossit ses
litres ; après il me dit qu'il veut voir sa maison. C'est donc,
impatienté, que, l'ayant pris par le bras pour le renvoyer,
il a voulu que je lui rende son sou, vu qu'il n'en avait pas
vu pour son argent, et que, moi ne voulant pas, il me dit :
« Ah ! tu ne veux pas me faire voir la lune ! tiens, je vais te
faire voir les étoiles. » Là-dessus, il me flanque une paire
de gifles et il m'empoigne à bras-le-corps, disant qu'il
voulait me fourrer dans mon télescope ; c'est donc là que
des agents l'ont arrêté.

M. LE PRÉSIDENT (*au prévenu*). — Qu'avez-vous à dire ?

LE PRÉVENU. — Je les retire.

M. LE PRÉSIDENT. — Quoi ?

LE PRÉVENU. — Les gifles.

L'ASTRONOME. — En attendant, je les ai.

LE PRÉVENU. — Alors gardez-les. (*Au tribunal.*) Qu'est-ce
que vous voulez que je fasse de plus ? (*A l'astronome.*)
Aimez-vous mieux que nous nous donnions un coup de
sabre ? je veux bien, j'ai été zouave.

L'ASTRONOME. — Je ne veux rien du tout.

LE PRÉVENU. — Allez vous coucher, alors ; comment, je
vous offre toutes les satisfactions que vous voudrez !

M. LE PRÉSIDENT. — Si c'est comme cela que vous croyez
atténuer le délit qui vous est reproché...

LE PRÉVENU. — C'est vrai, c't'espèce de dromadaire...
Le Tribunal condamne Malicorne à un mois de prison.

MALICORNE (*à l'astronome*). — Alors, tu trouves que ton honneur est satisfait ? Il n'est pas difficile, ton honneur.

Que n'a-t-il connu cette maxime, notre ancien zouave, comme il l'eût jetée à propos à la face de son adversaire : *Quand on a* bu *un affront, on a* soif *de vengeance.*

UN JOLI DOMESTIQUE

Il est hors de contestation que les proverbes auraient fait plus d'imbéciles que *la Marseillaise* n'a fait de héros, si l'on eût observé à la lettre ce qu'on est convenu d'appeler la sagesse des nations.

Ainsi, sous prétexte qu'on n'est jamais si bien servi que par soi-même, il faudrait se passer de domestique, et on en arriverait à nettoyer ses bottes et à ramoner ses cheminées.

Vous ne gagnerez jamais cela de M. Meulière, et pourtant il est difficile d'être plus mal servi que lui ; avec cela que la nature s'en est mêlée en lui donnant deux yeux qui se regardent en chiens de faïence ! Ah ! le malheureux ! si, comme on le prétend, les yeux sont le miroir de l'âme, il doit avoir l'âme bien bouleversée.

Son domestique, Chardon, a, du reste, tout ce qu'il faut pour y contribuer, ce qui ne l'empêche pas de se plaindre de son maître et de le traduire en police correctionnelle, comme ayant reçu de lui un de ces coups de pied qui ne blessent généralement que l'amour-propre.

« Vous reconnaissez le fait ? » demande M. le président à M. Meulière.

M. MEULIÈRE. — Parfaitement, monsieur le président, et vous en auriez fait autant à ma place.

M. LE PRÉSIDENT. — Non. Quand on est mécontent d'un domestique, on le renvoie, mais on ne le frappe pas.

M. MEULIÈRE. — J'en aurais pris un autre que ç'aurait été la même chose, ils sont tous pareils.

CHARDON. — Alors, pourquoi que vous me disiez qu'il n'y avait pas mon pareil comme *rosserie ?*

M. LE PRÉSIDENT. — Taisez-vous.

M. MEULIÈRE. — Il n'y a son pareil pour rien.

CHARDON. — Je n'étais pas né pour être domestique : né de parents, riches, mais crasseux...

M. LE PRÉSIDENT. — Voulez-vous vous taire ?

M. MEULIÈRE. — Une fois, je le trouve dans ma chambre, buvant à même une bouteille de chartreuse dont je prends un verre chaque matin; vous comprendrez comme c'est ragoûtant de boire après mon domestique.

CHARDON (*avec amertume*). — En République! voilà le cas qu'on fait de nous.

M. LE PRÉSIDENT. — Si vous ne vous taisez pas, je vous fais sortir.

M. MEULIÈRE. — Une autre fois, je l'ai surpris me fumant mes cigares, allongé dans mon fauteuil; j'ai été tellement stupéfait que je lui ai dit : « Veux-tu mes pantoufles, ma robe de chambre? » Il m'a répondu bien tranquillement : « Oh! je craindrais d'abuser de la bonté de monsieur. » Je vous le dis : il est à tuer.

CHARDON. — Monsieur, ma conscience est intacte.

M. MEULIÈRE. — Je pense bien, elle n'a jamais servi.

M. LE PRÉSIDENT. — Asseyez-vous. (*Au plaignant.*) Dans quelles circonstances M. Meulière vous a-t-il frappé?

CHARDON. — Parce que monsieur m'avait appelé trois fois.

M. LE PRÉSIDENT. — Eh bien, pourquoi ne veniez-vous pas?

CHARDON. — Monsieur, parce que j'aidais Catherine.

M. LE PRÉSIDENT. — Que faisait-elle, Catherine?

CHARDON. — Elle ne faisait rien, monsieur (*rires dans l'auditoire*); c'est très blessant pour un homme qui n'était pas né pour être domestique de recevoir des coups de pied dans le derrière et de s'entendre dire : ce capon!... moi, capon!...

M. MEULIÈRE. — Je ne sais pas ce que vous voulez dire.

CHARDON. — Oui, monsieur, le coup de pied, j'aurais passé là-dessus; mais quand vous m'avez dit : ce capon! ça m'a offensé dans ma dignité de Français.

M. MEULIÈRE. — Je n'ai pas dit ce capon, j'ai dit Scapin.

CHARDON. — Scapin?... J'avais entendu ce capon; c'est différent, alors; je retire ma plainte si monsieur veut retirer le coup de pied.

M. MEULIÈRE. — Je ne le retire pas.

Le tribunal a condamné M. Meulière à 16 francs d'amende.

CHARDON. — 16 francs d'amende pour battre les domestiques, en République!

M. LE PRÉSIDENT. — Retirez-vous, je vous y engage.

CHARDON (*sortant*). — Nous verrons ce que diront les journaux qui sont pour le peuple.

UN TÉMOIN TÉNÉBREUX

Si l'on peut reprocher à un garde champêtre, que nous allons entendre, quelque obscurité dans ses explications données de vive voix, on ne saurait lui refuser une grande précision dans ses procès-verbaux, et c'est là l'important. Voici donc comment il parle, après quoi ce qu'il a écrit nous apprendra peut-être ce que parler veut dire :

« Ayant aperçu le sieur ici présent, ayant des choux qu'il avait arrachés avec ses mains, qui appartenaient à Jacques Finot, cultivateur, dont ayant constaté antérieurement la veille emportant des oignons clandestins, je le conduisis chez M. le maire dont il reconnut avoir volé les carottes, dont j'ai saisi les choux comme pièce à conviction.

M. LE PRÉSIDENT. — Ce n'est pas bien clair.

LE PRÉVENU. — Ce vieux fonctionnaire ne sait même pas ce qu'il m'accuse ; car, messieurs, qu'est-ce que j'ai volé ; c'est-il des choux, des carottes ou des oignons ? qu'il le dise ! qu'il le dise !

LE GARDE CHAMPÊTRE. — Du moment que le délinquant attaque d'incompétence ma déclaration verbeuse, je vais préciser dans les circonstances de la cause, qui est écrit dans mon procès-verbal officiel. (*Le témoin lit.*)

Etant en tournée et me trouvant sur la route départementale n° 17, je vis le délinquant possessif de deux choux ; ayant reconnu le soussigné comme étant voleur de nation des végétations d'autrui pour l'avoir remarqué la veille en détention d'oignons suspects, je lui ai questionné sur les deux choux, comme suit :

DEMANDE. — Je vous ai vu sortir hier d'une pièce de terre ensemencée du nommé Finot Jacques, avec un panier qui en était rempli ?

RÉPONSE. — Oui, mossieu Grenu, c'est vrai.

DEMANDE. — Etes-vous son domestique ou son serviteur à son service ?

RÉPONSE. — Oui, mossieu Grenu, je suis son domestique.

DEMANDE. — C'est faux.

RÉPONSE. — Vous en êtes un autre.

DEMANDE. — Aujourd'hui, je vous retrouve dans le même cas semblable des oignons d'hier, seulement c'est des choux.

RÉPONSE. — Mossieu Grenu...

M. LE PRÉSIDENT. — Enfin, a-t-il avoué ?

LE GARDE CHAMPÊTRE. — Il a avoué sans affirmative et que même il a voulu corrompre mes fonctions qui est consigné également dans mon procès-verbal, ainsi qu'il suit, pour acheter ma confiance :

RÉPONSE. — Mossieu Grenu, c'est vrai que j'ai volé les oignons au détritus du nommé Finot Jacques.

DEMANDE. — Suivez-moi chez monsieur le maire.

RÉPONSE. — Mossieu Grenu, êtes-vous susceptible de l'humanité pour un père de famille ?

DEMANDE. — C'est en proportion qu'elle est compatible à mes fonctions.

RÉPONSE. — Mossieu Grenu, voulez-vous accepter une pièce de 4 francs et ni vu ni connu ?

DEMANDE. — Votre corruption de fonctionnaire est encore pire.

Sur ce, le délinquant, à mon refus honorable, m'a envoyé un nuage de coups de poing.

LE PRÉVENU. — Un nuage, non ; trois uniques.

LE GARDE CHAMPÊTRE. — Et une dent cassée.

LE PRÉVENU. — J'ignore ce qui s'est passé dans votre intérieur.

LE GARDE CHAMPÊTRE. — Le sieur, ici présent, a eu déjà un procès d'avoir fraudé avec l'octroi, en passant un lièvre qu'il avait mis dans une peau de lapin, si bien arrangé que sa mère ne l'aurait pas reconnu, sauf le bout des pattes, qu'il était entré à la barrière, en tenant son lièvre par les pattes de lapin.

M. LE PRÉSIDENT (*au prévenu*). — Qu'avez-vous à dire ?

LE PRÉVENU. — J'ai à dire que ce vieux fonctionnaire ne sait seulement pas ce qu'il dit, qu'il entortille les choux, les oignons et les carottes, et que pour ce qui est des coups de poing c'était par le moyen qu'il m'avait pris au collet avec une brutalité extraordinaire ; pour ce qui est de quatre francs, c'était censé pour deux simples choux qu'il les aurait remboursés au sieur Finot, et pas pour ce qu'il dit que ça ne serait ni vu ni connu, et qu'il abuse de son éducation pour écrire contre moi des choses que je ne pourrais pas y répondre si bien que lui ; voilà mon caractère.

Le tribunal condamne le prévenu à quatre mois de prison. En attendant cette condamnation, il se met à pleurer. Peut-être a-t-il gardé un oignon ?

C'EST LA FAUTE À MOLIÈRE

Le seul être humain qui échappe au physiologiste est incontestablement l'ivrogne ; aussi le chercherait-on vainement dans la collection des physiologies, si fort à la mode il y a quarante ans. On pourra décrire le caractère du chat, du singe, du perroquet parce qu'il est, aux nuances près, invariable chez tous les individus de même espèce, tandis qu'autant d'hommes ivres autant d'études différentes. M. Alexandre Dumas a fait *les Idées de M*ᵐᵉ *Aubray*, il ne ferait pas *les Idées d'un ivrogne*, parce qu'elles sont sans fixité et sans suite. Non que l'ivresse supprime d'une façon absolue tout raisonnement; il est certain, par exemple, que ce pochard surpris par l'averse dans un jardin de guinguette et faisant, de sa casquette, un parapluie à son verre plein pour rentrer dans le cabaret, il est certain qu'il y a là un raisonnement; mais remarquez qu'il est particulier à l'état d'ébriété et que c'est une idée qui ne viendrait jamais à des gens en possession de leur bon sens.

En dehors de semblables précautions, il ne reste guère que les droits de la nature, qui ne les perd jamais; mais quand c'est elle qui parle, le raisonnement est bien près de ressembler à de l'instinct.

Qu'on qualifie donc comme on le voudra le mobile qui a fait agir Gousson, peu importe, il est prévenu du vol d'une chaise, le voilà devant la police correctionnelle; c'est un brave homme pur, jusqu'ici, de toute mauvaise action; c'est la seule chose dont nous ayons à nous occuper.

« Mon président, dit-il, dès qu'on lui demande ses noms, je vous prie de m'écouter d'un œil tututélaire, car croyez que de me voir ici ça m'empoisonne bien mes satisfactions. »

M. LE PRÉSIDENT. — Vous vous expliquerez tout à l'heure.

GOUSSON. — Avec plaisir, et j'espère que vous m'écouterez d'un œil tutélaire.

Le seul témoin cité est un cafetier. Sa déposition se réduit à deux mots : « Vers minuit j'allais fermer et rentrer les chaises que j'avais à la porte lorsqu'un passant me dit : « Un homme vient de vous voler une chaise ! » Là-dessus il m'indique la rue prise par le voleur; je cours après lui et je l'ai arrêté ayant, en effet, ma chaise.

M. LE PRÉSIDENT (*au prévenu*). — Expliquez-vous.

GOUSSON. — Mon président, c'est de la faute à Molière.

M. LE PRÉSIDENT. — Quel Molière ?

GOUSSON. — Eh bien... Molière... un auteur qui compose des comédies... Vous ne connaissez pas Molière ?

M. LE PRÉSIDENT. — Mais quel rapport à Molière ?...

GOUSSON. — Voilà, parce que moi je le connais, Molière : j'en ai un volume qui me sert à affiler mon rasoir. Alors, ne pouvant pas le trouver, j'ai jamais pu venir à bout de me raser pour aller à l'enterrement d'un homme très aimable, que je ne me rappelle pas son nom, ne l'ayant vu qu'une fois dans ma vie; seulement que cette fois-là il m'avait offert un bitter et que, depuis ce temps-là, je m'étais toujours dit : « Il n'est pas fort, il n'en a pas pour longtemps, mais je ne veux pas manquer d'aller à son enterrement. »

Pour lors que, ne trouvant pas Molière pour me raser, je vas chez le perruquier; figurez-vous, ils étaient quatorze avant moi. Voilà qui y avait là Poinçard, un de mes amis, qui me dit : « Allons prendre un verre en attendant, je régale. » Alors que je lui dis : « Une politesse en vaut une autre, je t'emmène à l'enterrement. »

M. LE PRÉSIDENT. — Mais quel rapport tout cela a-t-il avec ce qu'on vous reproche?

GOUSSON. — Le rapport qu'ayant pris pas mal de tournées v'là que je m'endors. Alors Poinçard qui voulait aller à l'enterrement avait beau m'appeler je ronflais toujours; voyant ça, il me fiche un grand coup de poing sur le nez; ça me réveille et il me dit : « Eh bien! puisque te voilà réveillé, allons à l'enterrement, où que c'est? » Voilà que je ne me rappelle plus le numéro; et c'était bien facile : le 46, et même, n'ayant pas de mémoire, je m'étais dit : je penserai au numéro 100 et en retranchant 54, ça fera juste 46; c'était bien simple.

M. LE PRÉSIDENT. — En voilà assez! reconnaissez-vous avoir volé la chaise?

GOUSSON. — Pour lors, que nous avons donc repris des tournées jusqu'à minuit.

M. LE PRÉSIDENT. — Mais répondez donc : reconnaissez-vous avoir volé la chaise?

GOUSSON. — Maintenant, je peux vous répondre que vous savez dans quel état j'étais, et je vous prie de m'écouter d'un œil tutélaire.

M. LE PRÉSIDENT. — Vous invoquez pour excuse votre état d'ivresse; le tribunal appréciera.

GOUSSON. — C'est ça et c'est pas ça, parce que Poinçard devait me conduire chez moi, vu que je n'étais pas solide; mais il s'arrêtait à tous les petits coins que c'était pire qu'une danaïde, dont il se trouve que je l'ai perdu, et que me v'là, allant comme un n'hanneton... sans savoir.

M. LE PRÉSIDENT. — Voyons; oui ou non, avez-vous volé la chaise?

GOUSSON. — Empruntée simplement, mon président, pour m'asseoir de temps en temps, en route, jusque chez moi, dont je l'aurais rapportée le lendemain. Le cafetier peut dire que j'étais assis, à preuve.

Le limonadier est rappelé à la barre.

GOUSSON. — Voyons j'étais-ti assis?

LE LIMONADIER. — C'est vrai. (*Au tribunal.*) Et il m'a donné la même explication; sans des agents qui passaient à ce moment et l'ont arrêté, j'aurais repris ma chaise et ç'aurait été fini là.

GOUSSON. — J'écoute que le tribunal écoute ça d'un œil tutélaire.

Dans ces circonstances, le tribunal, jugeant que l'intention frauduleuse n'était pas établie, acquitte.

GOUSSON. — Vous voyez bien que c'est de la faute à Molière.

LA PARTIE DE PIQUET

On ne peut guère refuser une remise à un prévenu, à moins que ce ne soit une remise de la compagnie des Petites Voitures qui, généralement, aurait plus d'utilité pour un détenu qu'un retard à son jugement. C'est parce que le tribunal tient à savoir pourquoi cette remise sollicitée que le président pose presque toujours la question, et on va voir qu'il a bien raison, à l'explication donnée aujourd'hui par Plantin : « Pour prouver, dit celui-ci, que j'avais le neuf de pique.

— Le huit! répond Rouillon.

— Le neuf! »

M. le président met fin à cette discussion, et nous profitons de l'interruption pour mentionner que Plantin est prévenu de tentative de vol au préjudice de son contradicteur.

PLANTIN. — Mon président, comme tout est venu d'une partie de piquet, nous deux Rouillon, si je prouve que j'avais le neuf de pique, ça me faisait la seizième majeure, dont pour lors j'ai gagné.

M. LE PRÉSIDENT. — Allons, taisez-vous! vous vous expliquerez tout à l'heure.

PLANTIN. — Je me tais, mais j'avais le neuf.

ROUILLON. — Le huit.

M. LE PRÉSIDENT. — Ah çà! vous allez recommencer. (*Au prévenu.*) Vous répondrez tout à l'heure.

ROUILLON. — Tu répondras tout à l'heure; laisse-moi dire.

PLANTIN. — Fais donc ton cheval de corbillard! en v'là de la potasse! malheur!

M. LE PRÉSIDENT. — Voulez-vous vous taire!

ROUILLON. — Il ne veut pas me laisser parler.

PLANTIN. — Vas-y donc, phénomène.

ROUILLON. — C'est venu que nous faisions une partie de piquet et que je lui gagnais 6 francs 10 sous.
Le soir, il vient coucher avec moi. Si bien que sur les... je ne sais pas au juste l'heure, vu que je dormais; finalement, que j'entends tout de même : dzing! comme qui dirait de la faïence qu'on casse. Allons bon! que je me dis, il l'a cassé, en v'là pour 20 sous. « C'est rien, qu'il me dit, il n'est pas cassé. » Que là-dessus il se rallonge dans le lit, se met à ronfler que ça m'empêchait de dormir; mais, tout de même, que je finis par perdre connaissance et que je me mets à rêver qu'il était cassé. A ces mots, je sens quéque chose qui glissait sur moi, dont j'ouvre l'œil, mais je fais la chose de ronfler pour voir; alors j'entends : dzing!...

M. LE PRÉSIDENT. — Ah! est-ce que vous allez recommencer?

ROUILLON. — Ça ne l'était pas, c'était de l'argent, parce que je m'ai trompé; c'était pas dzing... c'était : tin tin tin... J'empoigne le bras du sieur Plantin, il tenait mon gilet et il était en train d'y barboter dedans, qui était accroché au pied du lit; alors je lui dis...

M. LE PRÉSIDENT. — C'est inutile. (*Au prévenu.*) Qu'avez-vous à dire?

PLANTIN. — Voilà : j'avais une seizième majeure à pique; alors...

M. LE PRÉSIDENT. — Il ne s'agit pas de cela.

PLANTIN. — Il s'en agit si tellement bien que si je prouve que j'avais la seizième majeure à pique, je suis acquitté comme l'enfant qui sort du sein de sa mère; à preuve : j'abats ma seizième, vous allez voir; alors Rouillon fait la chose comme s'il se passerait quéque chose de drôle dans la rue, dont il se met à rire en regardant du côté de la fenêtre que j'étais devant. Moi, je me retourne pour voir et je ne vois qu'un fumiste; c'est pas risible. « Ah! il est passé! » que me dit Rouillon. Et, messieurs, c'était mon neuf de pique qui était passé, vu que mossieu Rouillon m'a fait le coup du commandeur, ce qu'on appelle. Alors il me dit : « Voyons ta seizième. — La v'là que je dis. — Ça, une seizième, qu'il me fait, avec le huit? — Comment le huit?... le neuf!... » Je regarde, c'était un huit qu'il m'avait mis à la place de mon neuf, ce qui lui faisait gagner.

ROUILLON. — T'avais le huit.

PLANTIN. — Non, le neuf.

M. LE PRÉSIDENT. — Oui ; alors, pendant la nuit, vous avez voulu le voler à votre tour.

PLANTIN. — J'ai seulement voulu reprendre mes 6 francs 10 sous.

ROUILLON. — T'as voulu me voler, v'là ce que tu voulais.

PLANTIN. — Je te dis que je voulais reprendre ce que tu m'as volé le premier.

Le tribunal, ne trouvant pas dans le fait l'intention frauduleuse voulue par la loi, acquitte le prévenu.

ROUILLON (*solennel*). — Plantin, rappelle-toi que le vol conduit aux plus grandes fautes, et même au vice.

PLANTIN. — Fais donc pas ton Vésuve ; tu sais bien que j'avais le neuf. (*Un garde l'emmène.*)

ROUILLON. — Le huit.

VOIX DE PLANTIN (*en dehors, au loin*). — Le neuf !

ROUILLON (*sortant du prétoire*). — Filou !

UN DRAME EN WAGON

Si grands que soient les torts de Mme Tambour envers M. Portefoin, il faut reconnaître que cette dame, qui est d'un certain âge et d'un embonpoint plus certain encore, abandonne volontiers les privilèges de son sexe : seule en wagon avec le monsieur susnommé : « Je n'exigeai de lui, dit-elle, ni galanterie, ni attention, ni amabilité ; je ne lui ai demandé que des satisfactions d'un ordre inférieur, comme de fermer le carreau et d'éteindre son cigare. »

Tout le procès correctionnel dont il s'agit est là, car là est le point de départ d'une scène dont M. Portefoin a été victime, ce que prouve suffisamment son visage encore labouré de coups d'ongles, et c'est heureux pour lui (au point de vue du gain de son procès, bien entendu), puisqu'il n'existe aucun témoin de cet épisode de voyage, survenu en tête à tête, comme on le sait.

Une dame, pourtant, a été citée par la prévenue pour faire connaître au tribunal l'excellent caractère de Mme Tambour, son amie. On ne peut, dit le témoin, lui reprocher qu'une petite chose : elle est un peu pointue.

Et cette brave amie va s'asseoir sur cette appréciation, sans nous dire de quelle façon Mme Tambour est pointue ; c'est qu'en effet on peut l'être comme une vrille, comme une épée, ou comme une seringue ; mais peu importe. L'irascible

dame est pointue des ongles; elle reconnaît les avoir enfoncés dans le visage du plaignant, c'est l'important. Seulement,
elle est convaincue que le tribunal comprendra la légitime
colère dont elle a été saisie quand il connaîtra ce qui l'a
fait éclater.

Racontons donc la scène du wagon :

Mme TAMBOUR. — Monsieur, je vous prie de fermer votre
carreau.

M. PORTEFOIN. — Madame, vous avez fermé le vôtre, je ne
m'y suis pas opposé...

Mme TAMBOUR (*avec ironie*). — Vraiment? Vous m'avez fait
la grâce de me laisser fermer le carreau qui est de mon
côté! C'est bien aimable à vous.

M. PORTEFOIN. — Il n'y a pas d'amabilité là-dedans, madame,
vous avez usé de votre droit, j'use du mien; d'ailleurs,
comme je fume...

Mme TAMBOUR. — Vous allez fumer? Vous n'en avez pas
le droit; il y a des wagons de fumeurs, allez-y.

A ce moment un aboiement sourd se fait entendre dans un
panier placé près de la vieille dame et sur le couvercle
duquel elle appuie sa main.

M. PORTEFOIN. — C'est vrai, madame, il y a un wagon pour
les fumeurs, mais il y en a aussi un pour les chiens, il fallait
y mettre le vôtre.

A ces mots le voyageur tire de sa poche un cigare et
l'allume.

Mme TAMBOUR (*élevant la voix*). — Monsieur, votre cigare
m'empoisonne.

M. PORTEFOIN. — Madame, si vous croyez que votre chien
sent l'eau de Cologne, moi, je ne le trouve pas.

Mme TAMBOUR. — Monsieur, retirez votre cigare.

M. PORTEFOIN. — Madame, retirez votre chien.

En réponse à cette injonction, Mme Tambour se lève furieuse,
arrache le cigare de la bouche du fumeur et le jette par la
portière.

« Très bien, madame », dit M. Portefoin. Sur ce, il se
lève, arrache le toutou du panier et l'envoie rejoindre le
cigare.

De là la scène de fureur de Mme Tambour.

Tels sont les faits qui ressortent de la plainte et de la
défense, et que nous avons groupés dans leur ordre.

M. LE PRÉSIDENT. — Je dois vous faire remarquer, à vous,

monsieur, et à vous, madame, que tous les deux vous étiez dans votre tort, l'un en fumant, l'autre en introduisant un chien dans un compartiment de voyageurs.

M. PORTEFOIN. — Madame avait le droit de se plaindre au chef de gare.

Mᵐᵉ TAMBOUR. — Oui, et jusque-là j'aurais été empoisonnée par votre horreur de cigare.

M. PORTEFOIN. — Oh! en fait d'horreur, parlez plutôt de votre chien, une infection, une sale bête que personne n'aurait voulu toucher.

Mᵐᵉ TAMBOUR (*indignée*). — Oh! ce n'est pas assez d'avoir été son bourreau, vous l'insultez encore après sa mort; vous l'avez bien osé y toucher, vous.

M. PORTEFOIN. — Pour le jeter par la fenêtre, oui; mais autrement, jamais de la vie.

M. LE PRÉSIDENT. — Enfin, madame, vous avez été très violente...

Mᵐᵉ TAMBOUR. — Un chien rare...

M. PORTEFOIN. — Dans son genre, c'est vrai.

Mᵐᵉ TAMBOUR. — Que je n'aurais pas donné pour 500 francs.

M. PORTEFOIN. — J'ai assez bonne opinion de mes citoyens pour supposer que pas un ne nous les aurait offerts.

M. LE PRÉSIDENT. — Je vous répète, madame, que vous avez été très violente, d'abord en arrachant le cigare de la bouche du plaignant, qui était dans son tort, mais il fallait vous plaindre. Ensuite vous vous êtes livrée à des excès incroyables, à une véritable scène de fureur.

Mᵐᵉ TAMBOUR. — Comment, monsieur, en voyant jeter par le carreau ma malheureuse petite bête, qu'il la tenait par la queue, faisant le moulinet avec, que le pauvre petit animal jetait des cris qui fendaient le cœur! ah! quand je l'ai vu tourner dans les airs, j'ai reçu un coup!

M. PORTEFOIN. — Si je n'en avais reçu qu'un, moi, de vos griffes.

Mᵐᵉ TAMBOUR. — Si j'avais pu vous arracher la peau...

La prévenue est interrompue par le prononcé du jugement qui la condamne à 100 francs d'amende; cette condamnation indulgente ne la calme pas : elle continue à être boursouflée par la colère, cette brave dame Tambour, à craindre de voir crever sa peau.

UN COCHER STUPÉFIANT

Si rationnel que soit, en théorie, le principe de l'égalité sous le régime républicain, jamais de la vie on ne le fera pratiquer par ceux qui donnent le pourboire envers ceux qui le reçoivent, et pas n'est besoin d'être « un aristo », comme on disait en 1848, pour se refuser à en agir avec le cocher de fiacre qu'on a pris sur la place comme on agirait avec un ami ou une personne du monde auquel on appartient. On aura beau dire que le cocher occupe sur son siège une position plus élevée que le voyageur assis dans sa voiture, ceci est un pur sophisme qui ne convaincra pas le voyageur.

Il n'y a qu'un moyen pour le cocher de se croire en droit de traiter son client d'égal à égal, c'est d'agir à la façon de Didier, lequel, d'ailleurs, est propriétaire de sa voiture, et non le simple préposé d'une compagnie de véhicules ; seulement, poussé à l'excès, le système de ce cocher étonnant conduit tout droit en police correctionnelle.

Et voilà justement ce qui amène Didier sur le banc des prévenus, pour injures à une dame qu'il était chargé de conduire avenue de Latour-Maubourg, à une heure avancée de la nuit.

Ecoutons cette dame :

« J'étais restée en soirée jusqu'à deux heures et je me retirais après avoir perdu au jeu à peu près tout l'argent que j'avais apporté. Le maître de la maison m'avait accompagnée jusqu'à la porte de la rue où stationnaient des voitures. Il appelle le cocher de l'une de ces voitures et me dit, au moment où je montais sur le marchepied : « Mais, j'y pense, madame, nous vous avons ruinée au jeu, auriez-vous été malheureuse au point de n'avoir pas de quoi vous faire reconduire chez vous ? — Rassurez-vous, répondis-je en riant, quand je joue, je réserve toujours le prix de ma voiture. » Sur ce, je donne mon adresse au cocher et je pars.

» Arrivée sur le milieu du Champ de Mars, la voiture s'arrête et le cocher descend de son siège. Je croyais qu'il était arrivé quelque chose à la voiture ou au cheval, et je pouvais croire à tout, excepté à la surprise qui m'attendait.

» La portière s'ouvre, le cocher se présente tenant à la main une de ses lanternes qu'il avait décrochée et me dit avec une parfaite politesse : « Mon Dieu, madame, j'ai entendu par hasard que vous aviez joué aux cartes ; moi-même, j'ai un faible pour le jeu, et j'ai toujours des cartes sur moi... Les voici ! »

» En disant cela, il tire un jeu de cartes de sa poche, monte dans la voiture, s'assied en face de moi, place son chapeau entre nous deux pour servir de table, bat les cartes et me dit : « Un petit bézigue ; à qui fera ! ». Et il me présente le jeu pour que je tire une carte.

» J'étais tellement stupéfaite que je ne trouvais pas un mot à dire ; je me demandais si cet homme était fou ou ivre. « Vous avez été ratissée, ajoute-t-il (je répète son expression), je ne veux pas vous jouer gros jeu ; jouons la course en 1 200 de bézigue. »

» Que faire, en plein Champ de Mars, en pleine nuit, pas d'agents que je puisse appeler ; je me dis : ce que j'ai de mieux à faire, c'est d'accepter la partie ; d'ailleurs j'avais pris mon parti de cette aventure singulière et j'en riais même de bon cœur. Bref, je gagne ma course. La partie finie, le cocher me dit : « Allons, je suis rincé (je répète encore son expression), je vais vous conduire à l'œil. » Sur ce, il sort, ferme la portière, remonte sur son siège, et nous repartons, moi riant comme une folle.

» Nous arrivons ; je descends, et, n'entendant pas avoir joué sérieusement contre mon cocher, je veux lui payer sa course. Il se récrie, refuse, dit qu'il a perdu et que je ne lui dois rien. Je cesse alors de rire ; je lui dis très fermement que je n'avais pas l'habitude de jouer mes courses de voiture contre mes cochers, et j'ajoute que s'il ne voulait pas recevoir son argent j'allais le jeter dans sa voiture.

» Aussitôt, monsieur, cet homme se met à m'invectiver, me traite de mots que je ne veux pas répéter et, disant qu'il me valait bien, que nous avions joué ensemble, que j'avais gagné et que je lui faisais une grossièreté en voulant le payer. Des agents passant en ce moment, je leur dis ce qui s'était passé, je les laissai avec cet homme et je rentrai chez moi. »

M. LE PRÉSIDENT. — Eh bien ! Didier, qu'avez-vous à dire ?

DIDIER. — J'ai à dire que les dettes de jeu, c'est des dettes d'honneur ; quand on perd, on paye, mais quand on gagne et qu'on veut payer tout de même, c'est des choses qui humilient un citoyen ; v'là mon caractère. Si au lieu d'une dame ç'avait été un homme, ça ne se serait pas passé comme ça.

Le tribunal a condamné ce singulier cocher à quarante-huit heures de prison.

LE NÉCROMANCIEN

La gaieté est, évidemment, une chose relative ; chacun est gai à sa façon ; depuis l'Auvergnat qui prouve sa joyeuse humeur par un gros rire et de formidables coups de poing dans le dos jusqu'à ce vieux gentilhomme de nous ne savons plus quelle comédie disant, en esquissant un sourire amer : « Eh ! eh ! j'en ris aux larmes. » Les prévenus qui, en état d'ivresse, ont voulu étrangler les sergents de ville, disent, eux aussi : « J'étais gai ! » Ceci est un troisième genre de gaieté.

L'homme traduit aujourd'hui devant la police correctionnelle n'a pas manqué de faire la réponse ordinaire.

« Quelle est votre profession ? » lui demande M. le président.

LE PRÉVENU. — Nécromancien.

M. LE PRÉSIDENT. — Ah ! vous dites la bonne aventure.

LE PRÉVENU (*avec volubilité*). — La bonne comme la mauvaise, peines, pertes, fortune, joies, deuil, mariage, héritage, procès, voyage, rendez-vous galant, le bien, le mal, le passé, l'avenir, de tout quelconque et même, messieurs, d'intérêt.

M. LE PRÉSIDENT. — Ah ! voyons, vous n'entendez pas donner une séance ici.

Le prévenu, ayant produit sur l'auditoire l'effet qu'on devine, se laisse entraîner à l'hilarité générale.

M. LE PRÉSIDENT. — Il n'y a pas de quoi rire ; huissier, faites faire silence ! (*Au prévenu.*) Vous passez votre vie en prison.

LE PRÉVENU. — Jamais pour ce qui est de l'honneur ; c'est vrai que, quand je suis gai, je m'oublie avec l'autorité, mais on n'a que cela à me reprocher.

M. LE PRÉSIDENT. — On a bien souvent à vous reprocher cela.

LE PRÉVENU. — Je suis adoré du public ; quand j'arrive, tout le monde crie : « Ah ! voilà Lavater ! » Ils m'appellent Lavater.

Un agent est à la barre et lève la main pour prêter serment.

LE PRÉVENU (*regardant la main du témoin*). — Ligne de vie, fortune, bravoure, bonté...

M. LE PRÉSIDENT. — Mais voulez-vous vous taire !

Un garde placé derrière le prévenu lui pose la main sur l'épaule pour le faire asseoir.

LE PRÉVENU (*regardant cette main*). — Pouce développé et spatulé, énergie, entêtement.

M. LE PRÉSIDENT. — Si vous ne gardez pas le silence, je vais vous faire emmener et vous serez jugé par défaut.

LE PRÉVENU. — Je m'incline devant la loi qui parle, habitué à m'incliner devant le Destin.

La déposition de l'agent ne sort pas de l'ordinaire ; le prévenu faisait du scandale, il est intervenu, a été outragé, puis frappé ; enfin ce qu'on entend quarante fois par jour à la police correctionnelle.

M. LE PRÉSIDENT (*au prévenu*). — Vous n'avez rien autre chose à dire que ce que vous avez dit : que vous étiez ivre ?

LE PRÉVENU. — Comme je vous dis : j'étais gai ; alors, comme boniment, je tirais tout haut, en manière de rire, l'horoscope de personnes devant qui je travaillais ; tout est venu d'un vieux monsieur qui s'est fâché, parce que j'ai dit : « Tenez, messieurs, voici un vieillard respectable que je ne connais pas ; eh bien, je vois que c'est un ancien apothicaire qui a fait un trou à la lune. » Alors il s'est mis à m'invectiver...

M. LE PRÉSIDENT. — En voilà assez !

Le tribunal condamne le nécromanien à un mois de prison.

Il cesse d'être gai en entendant cette condamnation et le public aussi. Mais les fidèles habitués le reverront un de ces jours.

UN SYSTÈME D'ÉQUILIBRE

On serait tenté de croire qu'après l'explication entortillée, si connue, du *Menteur,* de Corneille, un dentiste lui-même n'aurait plus qu'à retirer humblement son chapeau.

Nous allons bien voir. Justement, c'est un dentiste que nous allons entendre expliquer un vol qui l'amène en justice. Du moins, c'est la profession qu'il se donne, sans établir d'ailleurs qu'il l'exerce et qu'il en vit ; il se contente d'affirmer qu'il opérait dans les foires, villages, bourgades, et même à l'Isle-Adam, arrachant canines et molaires à 50 centimes l'une, 5 francs la douzaine : mais il prétend que le métier se gâte, exactement comme si les dents avaient cessé d'en faire autant.

« Et puis, avec ça, ajoute-t-il, je suis malade et incapable de travailler. »

M. LE PRÉSIDENT. — Quelle maladie avez-vous ?

LE PRÉVENU. — J'ai des éblouissements ; alors, vous comprenez, monsieur, arrachant une dent au lieu de l'autre, ça m'a coulé à fond de cale. J'ai donc été consulter un herboriste sur mes éblouissements ; il me dit : « Comment vous couchez-vous pour dormir ? » Je lui réponds : « Tantôt sur une oreille, tantôt sur l'autre. — Faudra faire le contraire, qu'il me dit, et puis le soir, avant de vous mettre au lit, faites douze fois le tour de votre table de nuit. » N'ayant pas de table de nuit, je faisais douze fois le tour de ce qu'on met dedans ; alors...

M. LE PRÉSIDENT. — Tout cela est inutile ; vous avez soustrait frauduleusement deux morceaux de plomb de quatre kilogrammes chacun.

LE PRÉVENU. — Mon président, je vas vous expliquer...

M. LE PRÉSIDENT. — Enfin, oui ou non, reconnaissez-vous avoir volé ce plomb ?

LE PRÉVENU. — Je ne reconnais pas ça ; c'est vrai qu'ils étaient attachés sous ma blouse, mais je vas vous expliquer...

M. LE PRÉSIDENT. — Nous allons entendre le témoin.

Une forte femme, une riche nature s'avance à la barre. Elle déclare être âgée de quarante-six ans.

M. LE PRÉSIDENT. — Quelle est votre profession ?

LE TÉMOIN. — Nourrice.

M. LE PRÉSIDENT. — Nourrice ! à quarante-six ans ?

LE TÉMOIN. — Oh ! monsieur, voilà près de trente ans que c'est mon métier. J'ai commencé toute jeune.

Ceci dit, la nourrice explique qu'elle a vu d'une fenêtre de la maison qu'elle habite le prévenu s'introduire sous le hangar d'un plombier, locataire de la même maison, y soustraire deux gros morceaux de plomb, les attacher à la ceinture de son pantalon et rabattre sa chemise par-dessus.

M. LE PRÉSIDENT. — Le plombier n'était donc pas là ?

LE TÉMOIN. — Non, car, ayant vivement descendu pour le prévenir, il n'y avait personne chez lui. Alors j'ai sorti dans la rue et, apercevant le voleur, que même il passait deux sergents de ville, je leur-z-ai conté la chose.

M. LE PRÉSIDENT (*au prévenu*). — Eh bien, vous entendez ?

LE PRÉVENU. — Tout ça, c'est de la blague en bâton.

LA NOURRICE (*indignée*). — Oh ! et que même ça m'a fait si tellement une révolution que je m'ai dit : « C'est sûr que ça va me faire tourner mon lait. »

LE PRÉVENU. — Vous me faites rire avec votre lait de quarante-six ans ; c'est pas du lait, c'est du fromage, c'est des petits suisses.

LA NOURRICE. — Je peux prouver...

LE PRÉVENU. — Oh ! pas à moi, merci ; d'ailleurs, j'ai un témoin, moi aussi, ma concierge.

On appelle la concierge : « Je ne connais pas du tout, dit-elle, la chose auquel monsieur est accusé. »

M. LE PRÉSIDENT (*au prévenu*). — Alors que voulez-vous lui demander, à votre concierge ?

LE PRÉVENU. — Je voudrais que madame dise si c'est vrai que j'ai des éblouissements ?

LA CONCIERGE. — Pour ce qui est de ça, la main devant Dieu et devant les hommes, même que lui ayant conseillé des lavements un jour qu'il était au lit, je lui en ai monté un, et que dès que j'ai seulement ouvert la porte il me dit d'un œil languissant : « Ah ! mam' Champoux, je suis bien bas percé. — Nous allons voir ça, mon garçon, que j'y dis... »

M. LE PRÉSIDENT. — Allez vous asseoir. (*Au prévenu.*) Enfin d'où provenaient les morceaux de plomb dont vous étiez porteur, si vous ne les avez pas volés !

LE PRÉVENU. — Je les avais achetés.

M. LE PRÉSIDENT. — Pourquoi faire ?

LE PRÉVENU. — Oh ! vous allez comprendre ça tout de suite, et ces messieurs idem : allant toujours de-ci de-là, par la chose de mes éblouissements, qu'à chaque instant je perdais mon équilibre, vu que la tête emportait le reste, je m'étais dit : « Tiens ! en me mettant un fort poids de chaque côté ça me tiendra d'aplomb. »

Telle est l'explication colossale qui a valu à son auteur un an de prison, et justifie ce que nous disons en commençant : qu'après celle du héros de Corneille on aurait eu tort de tirer l'échelle.

UN RHUME DE CERVEAU

Le souhait adressé aux enrhumés du cerveau n'est pas une gracieuseté de civilisation moderne ; l'antiquité a connu le mot aimable à propos d'éternuements ; les Romains disaient : « Salve ! », nous disons : « Dieu vous bénisse ! » La bonne intention est la même, il n'y a de changé que la formule.

Cet appel à la bénédiction divine a-t-il quelque effet ? Sans être libre penseur, on peut croire que Dieu a bien autre chose à faire que de se préoccuper des gens à qui ça chatouille dans le nez ; et de fait il n'a pas empêché l'enrhumé du cerveau que voici de passer en police correctionnelle.

Reste à savoir, il est vrai, si le souhait a été formé et même si notre homme est réellement affligé du coryza qu'il invoque comme explication du vol (apparent, selon lui) qu'on lui reproche.

Il a fait le mouchoir d'un vieux monsieur appelé à la barre et qui va nous raconter la chose.

« J'étais, dit-il, arrêté dans une foule qui entourait un chanteur à l'orgue, et j'écoutais attentivement une chanson qui me plaisait beaucoup, afin d'en retenir l'air et de pouvoir la chanter au dessert quand je dîne chez des amis, ce qui fait que je ne pensais pas du tout aux personnes qui m'environnaient.

» Voilà qu'à un moment je sens comme un petit tiraillement de ma poche de derrière ; je crois que c'est quelqu'un qui s'approche pour entendre mieux et je ne bouge pas, afin de ne pas perdre mon air *de vue*.

» Finalement que, le sachant par cœur, je veux faire un nœud à mon mouchoir pour m'en rappeler ; je vas pour le tirer de ma poche et je trouve une main qui le tenait. Je crie : « Au voleur ! » Un agent qui écoutait chanter écarte la foule, le musicien arrête son orgue, le sergent de ville arrête mon voleur... »

Et le témoin s'arrête lui-même sur l'ordre de M. le président, le fait étant suffisamment exposé.

M. LE PRÉSIDENT. — Eh bien, Planquin ?

Planquin éternue après la difficulté ordinaire et la grimace connue.

PLANQUIN. — M'sieu ?

M. LE PRÉSIDENT. — Vous avez entendu ?

PLANQUIN. — Oh ! comme un ange ; mais je vas vous dire... (*précurseurs d'éternuement*) cet homme âgé... fait... illu... (*il éternue*) excusez ! si vous plaît... dire que je ne fais qu'éternuer depuis quatre jours, qu'on n'a jamais vu le pareil rhume de cerveau.

M. LE PRÉSIDENT. — Que voulez-vous dire du témoin ?

PLANQUIN. — Je disais qu'il fait illusion.

M. LE PRÉSIDENT. — Vous voulez dire qu'il fait erreur ?

PLANQUIN. — Je veux dire qu'il y a illusion de sa part.

M. LE PRÉSIDENT. — Démontrez-nous cela.

PLANQUIN. — M'étant lavé les pieds la veille...

M. LE PRÉSIDENT. — Quel rapport cela a-t-il...

PLANQUIN. — Pardonnerez ! vu que ça m'avait fichu un (*précurseurs d'éternuement*) un rhu... Ah ! il ne me lâchera pas (*il éternue*), un rhume de cerveau. Alors, ayant oublié mon mouchoir, vous comprenez... n'y a rien de gênant comme d'avoir le nez qui vous coule comme une borne (*il éternue*) fontaine et d'avoir oublié son mouchoir, n'étant pas de ces personnes mal élevées qui ont l'habitude de ne pas s'en servir comme il est notoire dans le bas peuple, qu'on a cette habitude malpropre et insociable, dont je ne suis pas de ceux-là, Dieu merci.

M. LE PRÉSIDENT. — Oui, et vous avez pris le mouchoir du témoin.

PLANQUIN. — Pas pour le voler, pour me moucher simplement, dont je l'aurais remis après.

M. LE PRÉSIDENT. — Le tribunal appréciera : asseyez-vous !

Le tribunal délibère.

PLANQUIN. — Tous les jours, ces choses-là arrivent, et on n'arrête pas le monde pour ça ; un monsieur oublie son mouchoir, il se mouche dans celui d'un autre et il lui rend ; ça se fait partout ; on n'est pas un voleur pour... (*il éternue*) pour ça. On est enrhumé, v'là tout.

Malheureusement pour Planquin, il a déjà été condamné quatre fois pour vols à la tire ; d'où la cinquième à trois mois de prison pour le vol du mouchoir.

PLANQUIN. — Ça m'apprendra à me laver les pieds ; c'est bien fait. (*Il sort en éternuant.*)

L'ÉCRIVAIN PUBLIC

De même que certaines races d'animaux, il est des industriels qui disparaissent : ainsi les carlins et les écrivains publics. Seulement, les carlins délaissés pendant un demi-siècle par la mode recommencent aujourd'hui à montrer leur museau noir, tandis qu'avec l'instruction obligatoire l'écrivain public ne sera bientôt plus qu'un souvenir. La disparition récente et inexpliquée de l'unique survivant des scribes du Palais de Justice a pu même faire croire que le dernier écrivain public de Paris venait de s'éteindre ; ses quatre-vingt-six ans rendent, d'ailleurs, sa mort au moins vraisemblable ; mais enfin on n'en est qu'aux conjectures.

Quoi qu'il en soit, rassurez-vous, cuisinières illettrées, pétitionnaires de plus d'ambition que de style, enfants du peuple inaptes à exprimer en lignes brûlantes les transports de votre cœur épris, il reste encore une plume exercée au service de tous les intérêts, de toutes les tendresses, de toutes les colères ; une plume que n'arrêtent ni les formules d'une supplique aux grands de la terre, ni les cruautés ironiques des amants trahis, ni les sophismes corrupteurs d'un client à l'innocente qu'il convoite.

Cette plume, c'est celle de Frusquet.

Ce sont même ses aptitudes d'une variété infinie qui lui ont permis de se faire, d'abord, l'interprète de deux amoureux, puis l'avocat des deux parties devenues ennemies, et ce dans l'ignorance de celles-ci qu'elles eussent le même traducteur de leurs pensées tour à tour tendres et hostiles.

Or il y avait gros à parier qu'un jour ou l'autre nos deux amants brouillés se rencontreraient chez leur mutuel secrétaire; c'est, en effet, ce qui arriva, et le petit procès correctionnel ci-après va nous apprendre ce qui résulta de cette rencontre.

Disons d'abord que les prévenus sont les deux clients de l'écrivain public Frusquet : Louis Lapompe et Céline Talon.

Frusquet n'entre pas dans de grands développements : « Mademoiselle, dit-il, m'a griffé comme une furie, et monsieur m'a donné une gifle énorme, dans mon propre bureau. »

M. LE PRÉSIDENT. — Mais pour quelle raison ? Il vous a dit quelque chose en vous donnant cette gifle ?

FRUSQUET. — Oui ; il m'a dit : « Si tu n'as pas de monnaie, garde tout ! » (*Rires.*)

M. LE PRÉSIDENT. — Je vous demande pour quelle raison il vous a frappé ?

FRUSQUET. — Parce que je lui ai fait sa correspondance, ainsi qu'à mademoiselle. J'ai écrit ce qu'ils m'ont demandé ; ça les a mis en colère ; ça n'est pas de ma faute.

LAPOMPE. — Au contraire, que ça l'est en plein ; à preuve, messieurs, vous allez voir. Je lui demande d'abord : « Une déclaration d'amour, combien que ça coûte ? » Il me dit : « Ça dépend, faudrait savoir si la demoiselle est vertueuse... » Je lui réponds : « Oh ! ce qu'il y a de plus fleur d'oranger. » Là-dessus il me dit : « Alors, du moment qu'elle a de la vertu, si c'est pour le bon motif, la déclaration coûte 20 sous ; si c'est simplement pour la rigolade, c'est 1 fr. 50. » (*Rires.*)

FRUSQUET. — C'est tout naturel. Il est certain que la lettre est plus difficile à faire, et c'est pour cela qu'on emploie des mots qui coûtent 10 sous de plus.

CÉLINE. — Oui, mais M. Lapompe qui est honnête a répondu qu'il voulait se marier avec moi et que, par la chose de l'écrivain, il ne voulait plus s'épouser avec moi.

LAPOMPE. — C'est si tellement vrai que je lui dis : « C'est pour le mariage mais faites-moi tout de même une lettre de 30 sous pour que ça soit tapé. » Il me l'a donc faite, et que je n'ai pas regretté mes 30 sous ; c'est pas pour dire, mais ça y était ! même une lettre de 30 sous pour que ça soit tapé. » j'avais un amour bien plus considérable que je croyais, que jamais on n'avait vu un amour pareil ; seulement qu'il disait que je ne mangeais plus, que je ne dormais plus. Ça, c'était pas vrai, mais que j'étais bien content tout de même qu'il le dise.

CÉLINE. — Et que moi, quand j'ai lu la lettre, ça m'a si bouleversée que j'en ai pleuré toute la nuit, et que j'ai été chez l'écrivain dont je ne savais pas que c'était lui qui avait fait ça, et qu'il me l'a pas dit, et qu'il m'a fait ma réponse.

LAPOMPE. — Qui devait être au moins de 30 sous aussi ?

CÉLINE. — Juste, mais je ne les ai pas regrettés.

LAPOMPE. — Ah ! messieurs, quand j'ai lu ça !... non, voyez-vous, c'était superbe... et qu'elle me disait de la fréquenter, mais simplement pour le mariage. Pour lors, je vais chez mademoiselle et je lui dis que ce n'était pas pour autrement. Seulement que ça l'a été tout de même sans y penser, mais que ça n'empêchait pas le mariage de ma part, et que, le lendemain, je tombe d'un omnibus et que me v'là quinze jours à l'hôpital, et que quand je retourne chez moi je trouve des lettres d'horreur de ma prétendue, qu'elle m'écrivait.

CÉLINE (*pleurant*). — C'est l'écrivain qui m'a dit : « Il vous a lâchée, il faut lui dire des infamies. » Celle-là ne m'a coûté que 20 sous, mais dans le moment je ne les ai pas regrettés ; c'est quand je me suis trouvée avec M. Lapompe chez l'écrivain qui était en train de m'écrire que j'étais une gourgandine, une petite saleté, une fille de trottoir.

LAPOMPE. — Naturellement que j'étais furieux après mon affaire de l'omnibus d'être traité comme le dernier des galopins.

M. LE PRÉSIDENT. — Oui, nous comprenons ; vous vous êtes expliqués ; de là votre colère contre l'écrivain public.

FRUSQUET. — Si j'avais eu moins de talent...

Le tribunal condamne les deux amoureux chacun à 25 francs d'amende.

C'est un petit accroc à leurs revenus ; mais, comme il y en avait déjà un au capital de la fiancée, l'addition est très secondaire.

L'EAU SUCRÉE DE LA PORTIÈRE

Il ne manque encore pas de gens qui croient aux esprits frappeurs, mais ce n'est évidemment pas dans l'épicerie qu'il faut les chercher, et le jour où Ramonet entendit des craquements dans son arrière-boutique il ne songea certes pas à leur donner une cause surnaturelle.

Qui pouvait donc causer ces bruits dont les oreilles de notre épicier et celles de ses garçons étaient chaque jour frappées ? Les harengs saurs... on ne pouvait guère s'arrêter à une pensée tapageuse de leur part ; le savon est généralement silencieux, le beurre salé ne pétille que dans la poêle à frire, les haricots ne font jamais de bruit, du moins en sacs. Bref, voici la découverte que fit, à la fin, Ramonet, et nous allons lui passer la parole pour raconter au tribunal correctionnel l'histoire extraordinaire des craquements mystérieux.

Disons tout de suite que la veuve Mouton, sa concierge, est prévenue de vol.

L'ÉPICIER. — Depuis longtemps je m'étais aperçu...

LA PORTIÈRE. — Du plaisir qu'on a d'être bossu. (Rires.)

M. LE PRÉSIDENT. — Ah ! tâchez d'avoir une autre attitude.

LA PORTIÈRE. — Comme monsieur fait rire à son dépens, par la société, dès qu'il ouvre la bouche...

L'ÉPICIER. — Je m'étais aperçu que ça craquait dans mon arrière-boutique ; ni moi ni mes garçons n'y comprenions rien. Voilà qu'un jour je m'aperçois que mes pains de sucre étaient tout penchés ; à ce moment-là j'entends comme l'eau qui coule et voilà un pain de sucre qui se casse en deux, crac !... Comme il ne faisait pas très clair, j'allume une bougie et je vois trois ou quatre pains de sucre fendus ; je me dis : c'est ça qui craquait et croyant qu'il y avait de l'humidité j'enlève mes pains, et qu'est-ce que je vois derrière ?... D'abord que tout était mouillé et puis une grande fente dans la cloison de planches qui sépare cet endroit d'un cabinet attenant à la loge.

» Je cours chez la concierge, je veux entrer dans son cabinet ; elle s'y oppose, j'entre de force et je vois au-dessous de la fente, à laquelle était adapté un morceau de gouttière, une terrine à moitié pleine d'eau et une seringue à côté ; je trempe mon doigt dans l'eau, je le suce, elle était sucrée. J'ai tout compris : cette femme arrosait mes pains de sucre avec l'instrument que vous savez, et l'eau retombait sucrée dans la terrine par le morceau de gouttière.

M. LE PRÉSIDENT (*à la prévenue*). — C'est comme cela que vous sucriez votre café?

LA PRÉVENUE. — Mon juge, prenez ma tête, si je ne vous dis pas la vérité.

M. LE PRÉSIDENT. — Dites-la sans condition.

LA PRÉVENUE. — Une loge que j'ai, qu'il n'y a pas de l'eau à boire.

M. LE PRÉSIDENT. — Mais si, puisque vous la sucrez.

LA PRÉVENUE. — Un rapiat de propriétaire, qui laisserait une femme d'âge crever d'insuffisance, et des locataires qu'il n'y a pas un sou à espérer de la part de rats qu'il n'y a pas les pareils sur la calotte de la terre.

M. LE PRÉSIDENT. — Oui, enfin, vous invoquez la misère comme excuse; le tribunal appréciera.

LA PRÉVENUE. — Et mes lévralgies, mon juge, des lévralgies que je n'en dors ni jour ni nuit, que le médecin m'a dit : « Vous faut du café noir et des espirituaux. » Alors monsieur, pensez, tous les jours du café et du kirchwaser qui est mon espirituaux, les deux choses tutélaires à ma santé que, des fois, je n'ai même pas la force de tirer mon cordon.

M. LE PRÉSIDENT. — C'est bien, asseyez-vous !

LA PRÉVENUE. — Je demande à dire à un mot.

M. LE PRÉSIDENT. — Quel mot ?

LA PRÉVENUE (*solennellement*). — Mon juge, jamais ! au grand jamais, tout le monde peut le dire, dont j'ai des témoins si vous voulez, je n'ai été une femme qui est du bord de la démagogie; je suis connue pour...

M. LE PRÉSIDENT. — Oh ! ceci n'a aucun rapport...

LA PRÉVENUE. — Pour mon opinion qui est pour l'ordre et l'illustre M. Grévy.

M. LE PRÉSIDENT. — Personne ne vous reproche vos opinions.

LA PRÉVENUE. — Sous la Commune, je peux prouver que je les ai traités de propre-à-rien et de soulards.

M. LE PRÉSIDENT. — Taisez-vous ! en voilà assez !

LA PRÉVENUE. — Que j'ai manqué d'en être un otage et que, sans la rentrée des troupes...

M. LE PRÉSIDENT. — C'est entendu.

LA PRÉVENUE. — J'étais fusillée et je peux dire que sans mes lévralgies...

Le tribunal la condamne à deux mois de prison.

LA PRÉVENUE. — Mossieu Ramonet, que mes lévralgies retombent sur votre tête! que votre chandelle soit votre alimentation, comme les Cosaques, que vous périssiez dans un tonneau de mélasse la tête la première.

M. LE PRESIDENT. — Emmenez cette femme!

LA PRÉVENUE (*sortant*). — Que votre moutarde, vos cornichons...

Ici sont interrompues les imprécations de la Camille du cordon.

JUGEMENTS SUR « LES PLAIDEURS »

XVIIᵉ SIÈCLE

Que pensait Molière des Plaideurs ? Nous avons à ce sujet le témoignage — sujet à caution — de Guéret, qui affirme que l'auteur du Tartuffe avait d'abord imaginé un autre dénouement pour cette pièce :

Considérant Tartuffe comme un directeur, il tirait de cette qualité la nullité de la donation. Mais ce dénouement était un procès, et je lui ai ouï dire que *les Plaideurs* ne valaient rien.

> Guéret,
> *la Promenade de Saint-Cloud* (1669).

Le même Guéret cite les Plaideurs parmi plusieurs autres comédies jouées par l'Hôtel de Bourgogne et « qui, la plupart, comparées à celle de Molière, ne passent que pour des farces ».

L'on oppose d'autant plus volontiers les Plaideurs aux comédies de Molière que les deux écrivains sont brouillés. Le P. Bouhours se garde de porter un jugement catégorique et préfère opposer chez Racine le poète tragique au poète comique :

Les pièces comiques, dont le but est de faire rire le peuple, doivent être comme des tableaux que l'on voit de loin, et où les figures sont plus grandes que le naturel. Ainsi, un de nos poètes dramatiques, qui connaît si bien la nature et qui en a exprimé les sentiments les plus délicats dans son *Andromaque* et dans son *Iphigénie*, va, ce semble, un peu au-delà dans ses *Plaideurs* : car il faut, pour le peuple, des traits bien marqués, et qui frappent fortement d'abord.

> Le P. Bouhours,
> *Troisième Dialogue* (1687).

Boileau, avec plus de profondeur, fait l'éloge du poète satirique :

Dès qu'il n'est plus tragique, il devient satirique, et quand il quitte son style, il me dérobe le mien.

> Boileau,
> cité par Louis Racine dans ses *Mémoires*.

XVIIIe SIÈCLE

La piété filiale ne pouvait dicter à Louis Racine qu'un éloge des Plaideurs ·

Racine sait, sans s'écarter du principal objet, diversifier tous les traits. Le ridicule d'un juge qui croit qu'on ne peut vivre sans juger est différent du ridicule d'un plaideur, qui croit qu'on ne peut vivre sans plaider, et du ridicule d'un avocat, qui croit que chercher de grandes phrases dans les plus petites causes c'est bien parler. Tous ces traits différents rassemblés dans cette comédie forment le plus grand tableau de ce ridicule que la fureur des procès jette dans plusieurs personnes, et toute la comédie, qui sera une imitation fidèle d'un ridicule pris chez les hommes, les fera rire. Molière, qui se connaissait en fidèle imitation des ridicules, se déclara contre le public pour cette pièce, en disant tout haut, quand il la vit représenter, que ceux qui s'en moquaient méritaient qu'on se moquât d'eux.

Louis Racine,
Mémoires.

Mais il convient d'accueillir avec une certaine méfiance cette « réconciliation » de Molière et de Racine.

Dans l'ensemble, le XVIIIe siècle ne s'intéresse guère aux Plaideurs.

XIXe SIÈCLE

Geoffroy reprend la comparaison entre Racine et Molière :

On voit dans les Plaideurs, pièce abondante en proverbes qui sont restés, que Molière aurait eu un égal, du moins pour le sel de la plaisanterie et pour le vers comique, si Racine n'eût mieux aimé balancer Corneille.

J. L. Geoffroy,
Cours de littérature dramatique (1819).

Sainte-Beuve, quant à lui, est prêt à voir une énigme dans la renonciation de Racine à la comédie :

Racine a fait les Plaideurs, et, dans cette admirable farce, il a tellement atteint du premier coup le vrai style de la comédie qu'on peut s'étonner qu'il s'en soit tenu à cet essai.

Sainte-Beuve,
Portraits littéraires (1844).

Le renouveau des études aristophaniennes permet d'apprécier la dette de Racine envers le comique athénien et, par là, de mieux saisir le sens et la portée des Plaideurs :

Racine réduit la vigoureuse satire sociale d'Aristophane aux proportions d'une jolie satire littéraire, en substituant la manie d'un seul homme à la manie de tout un peuple, ou plutôt une caricature de fantaisie à la critique d'une institution publique [...]. Dans un sujet et dans un cadre entièrement différents, le poète moderne a pu introduire la figure nouvelle et originale de Chicanneau, et, à son tour, le personnage de Chicanneau a amené, comme pendant, celui de la comtesse de Pimbesche. Par là, le sujet se retourne : ce ne sont plus *les juges*, ce sont *les plaideurs.*

Émile Deschanel,
Études sur Aristophane (1867).

En comparant les Guêpes *et les Plaideurs, certains critiques se montreront sévères pour la comédie de Racine :*

D'abord, la pièce est courte : tout ce qui n'est pas plaidoirie, avocasserie est traité rapidement, comme en passant. Les amoureux ne sont pas des amoureux particuliers, ce sont les amoureux traditionnels, tels que ceux employés, par exemple, par la comédie italienne. Ils ont un emploi, ils n'ont pas de caractère. Et puis le dénouement est étrange : quand Racine trouve que la caricature est assez longue, il arrête brusquement la pièce par un mariage, à la façon encore des comédies italiennes. En cela, *les Plaideurs* sont inférieurs aux *Guêpes,* comédie sociale, qui met en scène la lutte de deux générations, satire politique de l'administration judiciaire athénienne, peinture même de la vie de famille telle qu'elle était dans l'Antiquité. Chez Racine, au contraire, ce dernier trait n'existe pas : entre les enfants et les parents, aucun lien sérieux ne semble exister.

Gustave Larroumet,
« le Théâtre de Racine »,
dans *Revue des cours et conférences* (1899).

Le plus souvent, les critiques de la fin du XIXe siècle tentent d'analyser ce qui fait le charme de la pièce :

La pièce des *Plaideurs,* est plus comique que gaie, plus satire que comédie, mais toute jaillissante de mots qui peignent, de traits qui percent : c'est une épigramme ou une parodie continuelle, dont le style donne, plus que chez Molière, le modèle du vers propre à la comédie, vif, souple, familier, un peu excentrique.

Émile Faguet,
Grands Maîtres du XVIIe siècle (1885),

XXe SIÈCLE

Jules Lemaitre reprend la traditionnelle comparaison entre le génie comique de Racine et celui de Molière; il situe ainsi les Plaideurs dans l'histoire de la comédie en France :

Ce n'est qu'un amusement, oui, mais d'un génie charmant, et au moment où le génie était dans toute l'ivresse de sa jeune force. Si l'on considère le dialogue, je ne vois rien, au XVIIe siècle, de cette verve et de cet emportement de guignol presque lyrique. Ce dialogue si rapide et si coupé, je crois bien que nous ne le retrouverons plus (sauf dans Dufresny peut-être) jusqu'au dialogue en prose de Beaumarchais. Et puis, je suis bien obligé de remarquer que cette folle comédie est *la seule* de ce temps qui vise, non plus seulement des mœurs, mais une institution.

Mais surtout, la forme des *Plaideurs* est unique. Elle est beaucoup plus « artiste », comme nous dirions aujourd'hui, que celle de Molière. *Les Plaideurs* sont la première comédie (cela j'en suis très sûr) où le poète tire des effets pittoresques ou comiques de certaines irrégularités voulues ou particularités de versification : enjambements, dislocation du vers, ou rimes en calembours.

Jules Lemaitre,
Jean Racine (1908).

La critique contemporaine, désirant ne pas « étouffer Racine dans un système scolaire » — selon l'expression de Raymond Picard —, recherche ce qui fait l'unité profonde de l'œuvre racinienne, sans détacher de celle-ci les Plaideurs.

Le ton [...] est surprenant : il est amer et sec. On chercherait en vain dans *les Plaideurs* l'indulgence et, après tout, l'amitié que montrent souvent les auteurs comiques pour les personnages qu'ils ridiculisent. On songe à La Bruyère plutôt qu'à Molière, et on a l'impression d'être moins devant une comédie que devant une satire mise au théâtre. Il y a bien peu de passages qui appellent la détente d'un sourire : c'est l'explosion du gros rire de la farce, ou bien le ricanement cynique de la satire sans espoir. Le seul trait commun entre la comédie de Racine et ses tragédies serait peut-être précisément certaine méchanceté froide et sans éclat, que, du reste, nous retrouvons aussi dans la *Lettre* à l'auteur des hérésies imaginaires.

Raymond Picard,
Introduction à une édition des œuvres de Racine (1950).

Plus que l'amertume et la sécheresse de la satire, la gaieté dont est empreinte la comédie frappe Antoine Adam :

L'œuvre était charmante. Elle n'avait pas l'admirable densité des œuvres de Molière. Mais le dialogue était merveilleux d'élégance, de pureté, de preste désinvolture. Les *mots* abondaient, un peu nombreux peut-être, et ne laissaient pas assez ignorer que l'auteur était homme d'esprit. Tant d'inventions un peu folles, un mouvement si vif, des caricatures à la fois si bouffonnes et si vraies font des *Plaideurs* une des œuvres les plus gaies de notre répertoire.

Antoine Adam,
Histoire de la littérature française au XVIIe siècle
(tome IV, 1954).

Et Philip Butler propose une explication de ce burlesque qui embarrasse bien des critiques :

Le jugement burlesque du troisième acte n'est, avec ses pseudo-avocats, qu'une version modifiée du procédé, cher aux auteurs baroques, de la comédie dans la comédie. Ces personnages qui jouent un personnage sont d'un degré plus éloignés de la nature, et le propos délibéré du poète est, non de créer l'illusion de la réalité, mais d'accentuer le trait caricatural qui les en distingue.

Philip Butler,
Classicisme et baroque chez Racine (1959).

SUJETS DE DEVOIRS ET D'EXPOSÉS

NARRATIONS

● D'après le récit de Valincour, rapporté au début de la Notice, reconstituez la scène au cours de laquelle les comédiens vinrent annoncer à Racine le succès des *Plaideurs* devant la Cour : 1° joie des comédiens à l'issue de la représentation, ils décident d'aller informer Racine et, sans même quitter leurs déguisements, montent dans les carrosses; 2° émoi des bourgeois voyant descendre de voiture des gens en robe qu'ils prennent pour de véritables magistrats; surprise joyeuse de Racine.

● Le 7 janvier 1685, la troupe du duc de Bourgogne représente *les Plaideurs* à Saumur; or, l'acteur jouant le rôle de Dandin ressemble fort au juge de la prévôté de la ville — ce qui accroît le succès de la pièce. Furieux, le juge interdit aux comédiens de poursuivre les représentations. Le lieutenant du roi le fait emprisonner; le roi, averti, approuve cette mesure et défend au juge de se mêler dorénavant de cas semblables — à la suite de quoi le juge est élargi. Un témoin conte toute l'affaire en insistant sur : 1° l'effet que peut causer, dans une petite ville de province, au XVIIe siècle, une représentation des *Plaideurs*; 2° la colère du juge assistant à la pièce; 3° l'incarcération et la libération de l'irascible magistrat, qui reçoit une semonce du lieutenant du roi.

● Imaginez que Dandin juge le procès qui oppose la comtesse de Pimbesche à Chicanneau.

● Imaginez la première représentation des *Plaideurs* à Paris.

LETTRES ET DIALOGUES

● Un vieux conseiller des requêtes faisait grand bruit au palais contre la comédie des *Plaideurs*. Le président de Lamoignon prend la défense de Racine et montre qu'on peut rire des ridicules de la chicane sans offenser la justice. Imaginez le dialogue.

● Après avoir assisté, à Versailles, à une représentation des *Plaideurs*, Boileau écrit à son frère Gilles, avocat et homme de lettres qui a fourni à Racine de nombreux traits sur les juges et les avocats. Boileau évoque l'échec de la première représentation, les susceptibilités qu'a dû froisser la pièce, et fait allusion au cruel portrait qu'il a lui-même brossé de la lieutenante criminelle Tardieu (satire *Sur les Femmes*), pour enfin louer la verve satirique de son ami Racine.

● Racine écrit à Patru pour protester contre les allusions qu'on avait cru découvrir dans sa pièce à l'égard de ce célèbre avocat. Il exprime son estime pour les bons avocats et déclare qu'il a seulement visé certains travers et ridicules de l'éloquence judiciaire, contre lesquels, d'ailleurs, Patru a été un des premiers à réagir.

● Petit Jean et l'Intimé échangent leurs impressions après le procès du chien Citron.

DISSERTATIONS ET EXPOSÉS

● Corneille et Racine, poètes comiques, d'après *le Menteur* et *les Plaideurs*.

● A. W. Schlegel a-t-il eu raison de dire : « Racine serait devenu un rival redoutable pour Molière s'il avait continué à exercer le rare talent dont il a fait preuve dans *les Plaideurs* »? Comparez, à ce propos, le génie comique de Racine et celui de Molière.

● Commentez ce jugement d'Hippolyte Parigot : « Il n'y a guère, dans la pièce, plus de caractères que d'intrigue. Tous les rôles sont au premier plan : ce qui veut dire qu'ils ont chacun une, deux ou trois jolies scènes à faire goûter, sans plus. »

● Commentez l'opinion d'Émile Faguet citée aux Jugements, en étudiant particulièrement le style des *Plaideurs*.

● Commentez ce jugement de Philip Butler : « *Les Plaideurs* ne cherchent pas à faire vrai ou à « peindre d'après nature » selon le but que Molière assignait à la comédie (*Critique de « l'École des femmes »*, scène VII), mais à surprendre et à divertir le spectateur par la bouffonnerie de l'invention. »

● La satire dans *les Plaideurs* : en vous aidant des explications données dans la Notice et dans les notes, appréciez l'importance des allusions d'actualité et la portée de la critique des institutions dans la pièce.

● L'adaptation de la comédie aristophanesque au public français du XVIIe siècle.

TABLE DES MATIÈRES

Imprimerie-Reliure Mame - 37000 Tours.
ctobre 1972. — N° 12097. — N° de série Éditeur 13191.
FRANCE *(Printed in France)*. — 870 145 E Janvier 1986.